W0398902

Illustration de couverture : Olivier Bonhomme

Titre original : *The Cool Impossible*
Éditeur original : New American Library, New York
© *Train with Eric*, LLC, 2013 pour l'édition originale
© Christopher McDougall, 2013 pour la préface

Toutes les photographies ont été gracieusement fournies par l'auteur.
L'auteur tient à remercier Flo McCall pour les photographies du chapitre 3 et Addie Hare pour celles du chapitre 4.

© Éditions Paulsen – Paris 2017 pour la traduction française
Les éditions Paulsen sont une société du groupe Paulsen Media.

Eric Orton

# No limit

## Le trail en harmonie

Traduit de l'anglais (États-Unis)
par Jean-Philippe Lefief

Paulsen

Installé dans un paradis de l'aventure, à Jackson Hole, dans le Wyoming, Eric Orton est célèbre aux États-Unis pour ses performances de coureur et ses programmes d'entraînement physique qu'il a élevés au rang de philosophie appliquée à la course à pied. Ancien directeur du Centre des sciences de la santé de l'université du Colorado, il a toujours associé ses passions pour l'aventure et la santé afin d'explorer toutes les possibilités du corps humain, qu'il croit infinies. En véritable coach, il sait tirer le meilleur de chacun.

*À Angie,*
*Grimpe ta vie, ma citrouille*

*À Michelle,*
*Grâce à toi, j'ai pu vivre ma passion*
*et tout est devenu possible*

# Préface de Christopher McDougall

C'est un peu embarrassant, mais ce n'est qu'aujourd'hui que je comprends vraiment ce qu'Eric m'a dit quand nous sous sommes rencontrés. C'est le cas classique de l'arbre qui cache la forêt, sauf que la forêt me semblait très étrange et qu'une femme nue courait dans les parages, ce qui explique un peu ma confusion.

J'ai d'abord fait la connaissance de cette femme. À l'été 2005, un ami qui avait été garde forestier m'a invité à participer à un raid de 80 kilomètres sur trois jours avec quatre de ses proches dans la River of No Return Wilderness, une réserve naturelle de l'Idaho. Nos vivres et notre matériel devaient être transportés à dos de mule. Tout ce que nous avions à faire, c'était courir 25 kilomètres par jour pour aller d'un campement à un autre.

L'offre était trop alléchante pour être déclinée, même si je n'étais plus très porté sur la course à pied. En fait, j'étais sur le point de devenir un ex-coureur. En quelques années, toute une série de blessures m'avaient cloué sur place et les trois médecins que j'avais consultés tour à tour m'avaient convaincu qu'un type comme moi, d'un mètre quatre-vingt-treize pour

110 kilogrammes, ne peut pas multiplier les impacts impunément. Paradoxalement, je travaillais alors pour *Runner's World*. Je ne manquais donc pas de conseils en matière d'entraînement et de prévention des blessures. J'avais essayé tous les trucs qu'on peut trouver dans les magazines de course à pied : étirements, entraînement croisé, changement de chaussures à 150 dollars tous les quatre mois, semelles orthopédiques moulées à chaud et même bain d'eau glacée après les séances, mais rien n'y faisait. Régulièrement, mes genoux, mes talons, mes ischios ou mes tendons d'Achille étaient sources de douleurs insupportables.

Par chance, j'étais à peu près en bon état quand l'opportunité de faire ce raid dans l'Idaho s'est présentée. « Évidemment, que je viens », ai-je donc répondu. Le premier jour, j'ai couru dans le sillage d'une ancienne garde forestière nommée Jenni Blake. Elle enjambait les arbres abattus par le vent avec souplesse et aisance, en posant à peine le pied sur les troncs et sans jamais ralentir. Sa façon de courir avec tout son corps a été une révélation. Elle écartait largement les bras pour s'équilibrer dans les descentes, se déhanchait comme une danseuse de salsa dans les épingles à cheveux, fléchissait les genoux dans les éboulis et relançait immédiatement après. Son aisance et sa force brute étaient telles que j'ai eu du mal à le croire quand j'ai appris qu'elle était devenue sportive sur le tard.

« J'ignorais tout de la forêt quand je suis arrivée dans l'Idaho », m'a-t-elle expliqué quand nous avons fait halte pour reprendre un peu notre souffle. « J'étais boulimique quand j'étais étudiante et j'avais une image de moi déplorable avant d'arriver ici. »

Venue faire du bénévolat un été, elle avait d'emblée été plongée dans le grand bain. Elle s'était retrouvée sans transition avec une scie, une hache et des plats lyophilisés pour quinze jours entre les mains, et on l'avait envoyée débroussailler les chemins au fond des bois. Elle croulait littéralement sous le poids de son sac à dos, mais elle a gardé ses doutes pour elle et s'est enfoncée seule dans la forêt.

Après quelques jours, Jenni a eu la surprise de découvrir que ce corps qu'elle détestait était assez vigoureux pour manier une hache ou dégager un pin tombé en travers d'un sentier. Un sourire s'est dessiné malgré elle sur son visage quand elle est arrivée en haut de Mosquito Ridge, à contempler les 1 600 mètres de dénivelé qu'elle venait de gravir. Et lorsqu'elle s'est retrouvée en travers du chemin d'un élan affolé, elle a fait une autre découverte de taille : celle de sa propre rapidité ! L'énorme bête a surgi sans crier gare et, avant même de comprendre ce qui se passait, Jenni a filé droit devant elle, fuyant les ramures menaçantes. Quand l'animal s'est détourné, elle s'est sentie tour à tour terrifiée, épuisée… puis formidablement heureuse.

Après cet épisode, elle n'avait qu'une hâte : que le jour se lève pour aller courir. Elle enfilait juste une paire de baskets et partait des heures dans la forêt, laissant le soleil réchauffer son corps nu. « J'étais seule des semaines entières. Personne ne pouvait me voir, alors je passais des heures et des heures à courir. C'était une sensation fabuleuse », m'a-t-elle expliqué. Elle n'avait pas besoin de montre ni de carte. Le souffle de l'air sur sa peau lui suffisait pour évaluer sa vitesse et elle courait droit devant elle sur les chemins couverts d'aiguilles de pin jusqu'à ce que ses jambes et ses poumons la supplient de rentrer au campement. Ses cuisses douloureuses lui faisaient ensuite payer ses longues sorties naturistes, quand elle devait marcher longuement pour son travail, ce qui ne l'empêchait pas de les prolonger chaque jour un peu plus. Cette idylle inattendue avec son propre corps était tout simplement irrésistible.

Depuis, elle court comme une dingue. Jenni et son amie Nancy Hatfield sont les meneuses d'une bande de coureuses acharnées. Même après les tempêtes de neige, elles vont sillonner les routes autour de McCall, leur port d'attache dans l'Idaho, sans attendre qu'elles soient dégagées, et se frayent leur propre chemin à travers les congères.

« Le mieux, c'est de courir en hiver », confirme Nancy, qui était elle aussi du raid. Comme Jenni, elle est la preuve vivante que 20 ans de course à pied quotidienne ne mènent pas forcément à l'infirmité. À 47 ans, elle court encore comme nage une sirène, avec ses longs cheveux tombant en cascade dans son dos, ses jambes à la fois alertes et sveltes et cet anneau bleu de mer qui étincelle au creux de son nombril.

Pour moi, en revanche, ce raid s'est avéré fatal. Arrivé en bas de la dernière descente, au terme de la troisième journée, je pouvais à peine marcher. Mes talons étaient à vif et mes tendons d'Achille en feu. J'ai boitillé jusqu'au ruisseau et suis resté assis là, à me demander ce qui n'allait pas chez moi. Comment deux femmes d'âge mûr pouvaient-elles accumuler les kilomètres depuis des années sur toutes les surfaces alors qu'en quelques mois, je n'étais plus bon à rien ?

La réponse était évidemment sous mes yeux, là, dans la forêt, mais je ne comprenais pas ce que je voyais.

Quelques semaines après mon fiasco de l'Idaho, la rédaction du *Men's Journal* m'a envoyé interviewer un coach sportif de Jackson Hole, dans le Wyoming. La particularité d'Eric, qui consistait à décomposer les paramètres de l'endurance et à s'inspirer d'autres disciplines, intriguait mon rédacteur en chef. Il étudiait l'escalade pour améliorer la technique des kayakistes et adaptait le principe de propulsion douce du ski nordique au VTT.

J'ai compris après l'avoir rencontré à Denver qu'Eric cherche des principes mécaniques de base. Il est convaincu que le prochain grand bond en avant dans le monde du sport ne viendra ni de l'entraînement ni de la technologie, mais de la technique. Les athlètes qui échappent aux blessures écrasent la concurrence. Bizarrement, aucune autre activité sportive ne présente une marge de progression équivalente à celle de la course à pied. On pourrait légitimement penser que la doyenne et la plus populaire des activités sportives s'est perfectionnée au fil du temps, or c'est devenu une pratique à hauts risques. Plus de 50 % des coureurs sont blessés au moins une fois par an et c'est ainsi depuis qu'on a commencé à relever ces données, dans les années 1970, ce qui veut dire qu'il n'y a pas de hasard.

Si quelqu'un trouvait le moyen d'éliminer ces risques, la marge de progression serait immense en termes de performance mais aussi d'attrait. Des millions de gens aimeraient courir mais doivent y renoncer à cause des blessures, et des millions d'autres, effrayés par le témoignage des premiers, n'osent même pas essayer. Imaginez un peu si les douleurs et les appréhensions disparaissaient…

Or, pour Eric, le plus mystérieux est que ce soit si mystérieux. Utilisez votre corps différemment et il lui arrivera des choses différentes. « Si vous vous blessez en courant, il faut changer de façon de faire, dit-il avec une logique implacable. »

« Tout le monde est convaincu de savoir courir, mais ce n'est pas moins subtil que les autres activités, m'a-t-il expliqué. Quand on leur pose la question, les gens répondent la plupart du temps : "Je cours comme je peux." C'est ridicule ! Est-ce qu'on nage comme on peut ? » Dans toutes les autres activités sportives, l'apprentissage est essentiel. Personne ne se lance sur un parcours de golf ni dans une descente à ski sans un minimum de savoir-faire, sans quoi l'inefficacité est garantie et les blessures sont inévitables.

« C'est la même chose pour la course, m'a expliqué Eric. Si vous apprenez mal, vous n'apprécierez jamais. »

Attendez un peu… Pourquoi ne m'a-t-on jamais tenu ce discours ? Subitement, tout est devenu évident. Bien sûr qu'il y a une bonne et de mauvaises façons de courir. Aucune activité biomécanique ne fait exception. C'est le cas pour lancer une balle comme pour manger avec des baguettes. Pourquoi la course à pied serait-elle la seule activité à échapper aux lois de la physique ? Reste qu'on ne m'en avait jamais parlé auparavant. Les magazines disent seulement ce qu'il faut acheter – chaussures avec correction, semelles orthopédiques, chaussettes de compression… – mais n'expliquent pas comment s'y prendre.

« Tout le monde est fait pour courir », a ajouté Eric, ce qui a résonné comme une douce musique aux oreilles du grand gaillard que je suis.

On me disait le contraire depuis des années. Médecins et kinésithérapeutes me répétaient que courir n'est pas bon, surtout pour les gens comme moi, bâtis comme Shrek. J'avais fini par le croire, parce que mes tendons d'Achille me le confirmaient. Eric a ensuite proposé de me démontrer le bien-fondé de sa théorie, de me coacher par e-mails pour me faire passer du statut de futur ex-coureur à celui, non pas de marathonien, mais d'ultra-marathonien. Neuf mois plus tard, m'a-t-il promis, je serais capable de m'aligner sur une course de 80 kilomètres dans les Copper Canyons avec les légendaires Tarahumaras.

J'étais évidemment séduit, mais je l'avais été tout autant par le raid dans l'Idaho, ce qui n'avait pas empêché le fiasco. J'avais fait 80 kilomètres en trois jours pour finir la tête entre les mains dans un ruisseau, à me promettre qu'on ne m'y reprendrait plus, et voilà qu'Eric me proposait non seulement de faire la même chose en une journée, mais d'enfreindre la sacro-sainte règle des magazines selon laquelle il ne faut pas augmenter le kilométrage de plus de 10 % par semaine. Je me disais que je n'arriverais jamais au départ de cette course, que l'entraînement aurait raison de moi avant :

– Chaque fois que j'essaye d'augmenter le volume, je finis en morceaux, ai-je dit à Eric.

– Ce ne sera pas le cas cette fois.

– Est-ce que je dois mettre mes semelles ?

– Oublie les semelles.

J'étais toujours dubitatif, mais la totale confiance d'Eric a fini par me convaincre.

– Je devrais peut-être maigrir d'abord un peu pour soulager mes jambes…

– Ton régime va changer de lui-même, tu vas voir.

– Et le yoga, ce serait utile, non ?

– Oublie le yoga et les étirements. Ça n'a jamais résolu les tensions musculaires.

Tout ça commençait à me plaire. Pas de régime, pas de yoga, pas de semelles… J'étais presque conquis.

– Tu crois vraiment que je peux y arriver ?

– Voyons la vérité en face, a dit Eric. Ta marge d'erreur est nulle, mais tu peux y arriver.

Obnubilé par mes propres inquiétudes, je n'ai pas vraiment pris la mesure du défi qu'Eric devait relever. Il fallait non seulement réhabiliter un type que trois professionnels de la santé avaient jugé incurable, mais aussi abattre le mur de la résistance comportementale. Je suis comme tout le monde : il y a des choses que j'aime faire et d'autres que je me promets de faire, mais que je ne ferai probablement jamais. Me donner un plan d'entraînement que j'aurais suivi à moitié n'aurait eu aucun intérêt. Eric devait donc trouver des exercices qui me plaisent. Il ne savait pas où il mettait les pieds…

– As-tu un abonnement dans une salle de musculation ?

– Nan.

– Qu'est-ce que tu as chez toi comme équipement sportif ?

– Rien. J'ai horreur de soulever de la fonte. Je ne supporte pas les répétitions. C'est beauuuuuucoup trop monotone pour moi.

– OK, a-t-il répondu, qu'est-ce que tu aimes ?

Je me suis demandé un instant si je pouvais dire la vérité, si même ça en valait la peine.

– Tu vois les bonnes grosses scies de bûcheron qu'on utilisait au XIXe siècle pour abattre les séquoias ?

– Ouais... ?

– J'ai une espèce d'obsession pour ces trucs-là. On se chauffe au bois et j'ai arrêté il y a quelques années d'utiliser la tronçonneuse pour le couper à la main. Je devrais avoir horreur de ça, mais je pourrais passer mes journées à couper du bois. Je dois bien avoir six scies différentes.

– Très bien, a dit Eric. Ça fera l'affaire.

Il s'est ensuite montré d'une telle subtilité qu'il m'a fallu tout ce temps pour m'en rendre compte. J'étais tellement excité par les arbres – le plan d'entraînement d'Eric, sa technique de course à pied révolutionnaire et son idée selon laquelle les coureurs doivent d'abord être des athlètes – que je ne voyais pas la splendeur de la forêt. C'était d'autant plus difficile qu'il y avait cette femme nue dans les parages. Je suis sûr qu'il a essayé de me l'expliquer mais, que j'aie écouté ou pas, l'idée était trop radicale pour que je la comprenne. Après quelques années de réflexion et de pratique des bouleversements radicaux que l'approche d'Eric a entraînés chez moi, je suis maintenant mieux à même de comprendre ce qu'il voulait dire et ce que Jenni Blake a découvert seule, dans les forêts sauvages de l'Idaho. Voilà comment on pourrait le résumer : l'être humain aime le mouvement. C'est inscrit dans nos gènes. C'est ce qui a fait de nous l'espèce la plus aboutie et la plus répandue sur Terre (et même au-delà). Pour ses spécimens actuels, l'idée peut toutefois sembler suspecte. On nous apprend depuis l'enfance à nous méfier de tout ce que nous aimons, de tout ce qui nous amuse. Du coup, nous transformons tout ça en une forme de travail. Personne ne dit qu'il va à la salle de musculation pour s'amuser, n'est-ce pas ? On y va pour faire de l'exercice, ce qui, en anglais, se dit *workout*, de *work*, le travail. Or Eric sait que les qualités athlétiques et la réussite ne sont pas qu'une question de volonté. Il est assez honnête et intelligent pour comprendre que, quand on se sent obligé de faire quelque chose, il y a peu de chances pour qu'on le fasse durablement. Le modèle « *no pain, no gain* [1] » ne marche pas. Il a donc trouvé un moyen de remplacer la douleur par le plaisir. Il a su rendre à l'exercice physique sa part artistique, ce qui a tout changé pour moi.

Aujourd'hui, je sors de chez moi, je choisis une direction au gré de mon humeur et je cours aussi longtemps que j'en ai envie, exactement comme quand

1. On n'a rien sans rien (NDT).

j'étais enfant. Je ne crains plus les blessures et je sais que ma gourde sera vide avant mes réserves d'énergie et, quand j'aurai terminé, je n'aurai qu'une hâte : celle de recommencer.

## Chapitre I

# LE GRAND PROJET ET MOI

Laissez-moi vous raconter une histoire…

C'était en mars 2006 et j'étais sur la ligne de départ d'une course de 80 kilomètres, au cœur de mon Grand Projet. Je portais comme d'habitude un short et un t-shirt techniques, j'avais mon camelback sur le dos et des barres énergétiques plein les poches, mais ça n'avait rien d'une course ordinaire. Vraiment rien de rien. Premièrement, elle avait lieu à Urique, petit village perdu des Copper Canyons, dans le nord-ouest du Mexique, coincé entre une rivière et des falaises escarpées. Il n'y avait pas d'arche de départ, pas de puces de chronométrage sur mes chaussures ni de coup de pistolet à attendre et les coureurs ne se bousculaient pas pour avoir la meilleure place sur la ligne. Il n'y avait qu'une vingtaine de concurrents, un simple trait en travers de la route, au centre du village, et un grand Américain aux cheveux décolorés par le soleil surnommé Caballo Blanco pour crier : « Go ! »

Je n'étais pas non plus confronté à mes adversaires habituels et c'était justement tout l'intérêt. La course avait pour but de réunir deux mondes, un ancien et un nouveau, tous deux passionnés de course à pied dans sa version extrême, c'est-à-dire sur de très longues distances. Ce jour-là, nous partions pour 80 kilomètres sur les terres rudes et abruptes des Copper Canyons.

Ceux du nouveau monde faisaient partie des meilleurs ultra-marathoniens américains. Parmi eux se trouvaient les infatigables Scott Jurek et Jenn Shelton. Difficile de trouver plus expérimentés, plus déterminés et plus talentueux que ces deux-là. Leur palmarès est là pour le prouver.

Ceux du vieux monde étaient des Indiens tarahumaras. Teint mat, traits marqués et jambes noueuses, ils étaient vêtus de pagnes et de chemises à manches longues aux couleurs flamboyantes que le vent faisait gonfler quand ils couraient. Leurs chaussures, ou plutôt leurs *huaraches*[2], étaient faites de morceaux de pneu découpés à la forme du pied et tenues par des liens de cuir. Les Tarahumaras, dont le nom exact est Raramuri (le Peuple qui court), sont issus de multiples clans mystérieux et reclus des Copper Canyons, dont le mode de vie a peu évolué depuis des siècles. Ils sont surtout réputés pour leur endurance exceptionnelle qui leur permet de courir presque indéfiniment sur les sentiers rocailleux de l'un des lieux les plus inhospitaliers de la planète. J'avais entendu parler de leurs exploits légendaires une dizaine d'années auparavant, mais c'était formidable de les côtoyer en chair et en os, comme je le faisais depuis plusieurs jours.

Puis, il y avait Chris McDougall et moi. J'avais certes pas mal d'ultras au compteur, mais Scott Jurek n'avait

---

2. Sandales de fortune (NDT).

rien à craindre de moi, d'autant que j'avais passé le mois précédant la course à changer les couches de ma fille qui venait de naître et à la bercer. La séance la plus longue que j'avais faite avant de venir au Mexique n'avait duré que trois petites heures, soit moins du tiers de ce qui m'attendait ce jour-là. Qui plus est, je n'étais pas là que pour courir, mais aussi pour coacher Chris.

Parmi tous ceux qui se trouvaient au départ, lui seul n'avait jamais couru d'ultra-marathon et, quand nous nous étions rencontrés, un an auparavant, il se présentait lui-même comme une « épave » incapable de courir même de modestes distances sans souffrir d'une longue liste de douleurs. Son intérêt pour les Tarahumaras avait d'abord été celui du journaliste à la recherche d'un bon sujet, mais les choses avaient évolué et il espérait maintenant se prouver à lui-même qu'il était capable d'aller au bout de cette course très spéciale.

À côté de moi, sur la ligne de départ, Chris était anxieux mais calme et, comme à son habitude, il s'efforçait de dédramatiser la situation, malgré l'effort inédit qui l'attendait. C'est un grand gaillard d'un mètre quatre-vingt-treize, mais il avait perdu 18 kilogrammes depuis que je l'entraînais.

« Qu'est-ce que t'as fait à ce type ? » m'avait demandé Caballo, en le voyant à ce point changé depuis leur première rencontre.

Quoi qu'il en soit, il allait devoir courir 80 kilomètres de terrain aussi piégeux qu'escarpé dans la chaleur sèche et torride du désert. Je savais qu'il en était physiquement capable, mais l'était-il mentalement ? Je suis sûr qu'il doutait de l'un comme de l'autre.

Avant le départ, je lui ai dit : « Va à ton rythme. Fais ta course. Fais ce que tu sais faire, mais si tu as l'impression de forcer, ralentis. »

Quelques secondes plus tard, Caballo a crié : « Go ! » et nous nous sommes élancés. Les Tarahumaras sont partis comme des balles, à moins de quatre minutes au kilomètre, peut-être même moins. J'étais impressionné mais aussi un peu perplexe. Pouvaient-ils tenir cette allure-là jusqu'au bout ? Il fallait les voir, le visage illuminé d'un grand sourire et leurs pieds vifs touchant à peine le sol. Quelques secondes après le départ, le centre d'Urique et ses mariachis étaient déjà loin derrière eux. Je suivais tranquillement à 4'20" au kilomètre, et Chris un peu plus lentement encore. Il y avait un bon bout de chemin à faire et, comme je venais de le lui dire, chacun devait faire sa propre course. Sur les premiers kilomètres, le tracé suivait la route qui borde la rivière Barranca. Je me sentais bien, à l'aise et à mon rythme. Nous sommes arrivés à un pont suspendu, qui s'est mis à se balancer tandis que nous traversions en file indienne. Très vite est arrivée la première grosse difficulté : une ascension de 45 minutes qui fait vraiment chauffer les cuisses et ressentir cette joie de l'effort que les coureurs connaissent mieux que personne.

Je pourrais vous dire que je suis venu au monde avec une paire de runnings pour bébé, prêt à me mettre à courir, ou qu'avant même d'entamer ma scolarité, sifflet autour du cou et bloc-notes à la main, j'étais déjà un entraîneur dans l'âme, mais ce serait de la fiction dans les deux cas, alors que ce qui suit est vrai.

Comme la plupart des parcours, le mien zigzague, revient en arrière et se fourvoie dans différentes directions. En réalité, je respirais à peine à la naissance tant l'asthme empêchait mes poumons de fonctionner correctement. J'ai passé mon premier Noël sous une tente à oxygène. Quelques années plus tard, après les fêtes d'anniversaire, je passais la nuit à essayer de reprendre mon souffle alors que mes copains, gavés de gâteau et de crème glacée, dormaient sur leurs deux oreilles. Très jeune, j'ai eu conscience de ce que mon corps pouvait faire et ne pas faire, mais ni mes parents ni mes médecins ne m'ont jamais fixé de limites. Jamais ils ne m'ont interdit de pratiquer un sport ou de faire un exercice. Je leur en sais gré aujourd'hui parce que plus j'en fais, mieux mon corps s'adapte et se renforce.

À Allegheny Mountains, ma petite ville natale de l'État de New York, je suis même devenu une espèce de gloire locale du football américain. Gros poisson parce que petite mare… Rien de très original… J'étais un *running back*[3] qui aimait autant les plaquages que les *touchdowns*[4]. En terminale, je me suis mis à la piste, en premier lieu pour améliorer ma pointe de vitesse. À ma grande surprise, j'y ai éprouvé la même joie qu'au football et ma gestuelle est devenue l'expression de ma personnalité. Ça peut prêter à sourire, mais j'avais l'impression d'être un artiste.

---

3. Milieu défensif (NDT).

4. Essais (NDT).

Diplôme en poche après deux ans de fac passés à jouer au football américain, j'ai dû plonger dans le grand bain de la vraie vie. Je devais gagner ma croûte et trouver un toit. J'ai alors répondu à l'appel de l'Ouest, qui m'a conduit précisément à Denver. Là, au pied des Rocheuses, je courais, je pédalais, je nageais, je grimpais et pagayais dans l'air pur des montagnes. Je faisais des courses de vélo de route, des marathons, des triathlons, des raids-aventures et des ultratrails. Je devenais de plus en plus fort, de plus en plus rapide et j'ai atteint un niveau dont je n'aurais jamais osé rêver. Ce n'était toutefois qu'un hobby. En semaine, je pointais dans une société de conseil en protection de l'environnement. J'avais un job intéressant, suffisamment d'argent, un cadre de vie exceptionnel et ma dose d'aventure tous les week-ends. J'avais tout ce que j'ai toujours voulu avoir… mais ça ne me satisfaisait pas.

Pendant ces années passées à Denver, j'ai vécu pour et par la course à pied sans trop savoir où j'allais. Avec le temps, j'ai compris que je ne serais jamais le meilleur, mais j'étais quand même un très bon coureur et, après des années de pratique, le sport était profondément ancré en moi. J'ai alors commencé à me demander comment exploiter les talents dont j'étais doté – et que j'avais développés en travaillant très dur. Je me suis rendu compte que je voulais mettre le sport au centre de ma vie, que je voulais aider les autres à exploiter leur propre potentiel.

J'ai lâché mon job du jour au lendemain et j'en ai pris un à temps partiel à la réception de la salle de fitness du centre de recherches médicales de l'université du Colorado. Je gagnais la somme astronomique de sept dollars par jour. Certains m'invitaient à « grandir » et m'assuraient que c'était une erreur. Je me disais qu'il ne fallait pas les écouter. J'ai suivi des cours de physiologie, d'anatomie, de biomécanique et de nutrition, puis je suis allé au Centre national olympique de Colorado Springs où j'ai décroché l'un des premiers diplômes d'entraîneur de triathlon. Sans cesser de travailler à la salle de fitness, je me suis mis à coacher un athlète, puis un autre. Assez vite, j'ai pris la direction du pôle fitness du centre universitaire et j'ai dû m'occuper d'une foule de coureurs et de triathlètes. À vrai dire, j'en apprenais autant que mes élèves.

L'amour et la promesse faite à ma femme Michelle de l'aider à s'occuper de ses parents installés à Jackson, dans le Wyoming, m'ont ensuite amené à quitter Denver. Je ne veux pas passer pour un saint, parce que l'égoïsme et la peur de perdre les athlètes que j'entraînais n'ont pas facilité cette décision. Les faits allaient toutefois me démontrer que mes appréhensions étaient stupides. Jackson, au pied des sommets escarpés et imposants des Tetons, est le lieu idéal pour s'entraîner et nulle part ailleurs on ne trouve autant d'athlètes déterminés à devenir les meilleurs. En fait, des parcours de trail de classe mondiale démarrent sur le pas de ma porte.

C'est même là, sur ces hautes terres où se mêlent le goût de l'action et le désir de saisir sa chance, que ma carrière de coach a décollé. Je m'étais toujours dit que l'important n'était pas le nombre d'athlètes à entraîner, mais de vivre ma vie de coach et de coureur.

Or, à Jackson Hole, j'ai trouvé une foule d'athlètes (en plus de ceux que je continuais à entraîner à distance dans le Colorado), un large choix de courses, et j'en ai tiré une satisfaction que je n'aurais jamais imaginée. Le seul fait de voir mes gars et mes filles s'améliorer de semaine en semaine, parfois même de séance en séance, m'apporte énormément, tout comme leurs résultats en compétition, que j'apprécie encore plus que ceux que j'ai moi-même obtenus. Ce palmarès n'a cessé de s'étoffer avec des titres sur cinquante et cent *miles* en course à pied comme en VTT, des qualifications pour le marathon de Boston et l'Ironman d'Hawaï, une médaille d'argent aux championnats du monde des 24 heures en VTT, un titre de champion universitaire du Wyoming en cross-country. J'ai même entraîné un joueur de hockey professionnel, une poignée de stars du cinéma soucieuses de leur ligne et un guitariste de rock. Je prenais goût à l'élaboration des séances, à la conception des programmes, à la mise au point des exercices et je commençais à attirer l'attention, celle d'une personne en particulier.

Comme dans beaucoup de contes de fées, tout a commencé quand un inconnu est venu frapper à ma porte. Pour être plus juste, c'est par téléphone que Chris McDougall m'a contacté en 2005. Il voulait écrire un article sur « la meilleure méthode d'entraînement aux sports extrêmes des États-Unis » et j'en étais, selon lui, « le gourou incontournable dans ce qui est probablement la ville d'Amérique la plus propice à l'aventure sportive ». J'ignore s'il avait vu juste pour le premier point, mais pour le deuxième, il n'y avait aucun doute. Afin de le préserver du froid mordant du Wyoming en plein hiver, c'est à Denver que je lui ai donné rendez-vous.

Le courant est passé instantanément et je n'ai cessé de l'interroger sur les Tarahumaras, auxquels il venait de consacrer un article paru dans *Runner's World*. Dix ans plus tôt, l'un de ces Indiens s'était présenté au départ du Leadville Trail 100, un ultratrail très exigeant en plein cœur des Rocheuses, et l'avait emporté, à la surprise générale. Je rêvais depuis longtemps de devenir un Tarahumara ou, à défaut, de courir comme eux. Les membres de cette tribu et leur monde méconnu sont en parfait accord avec ce qui m'a amené à l'endurance. Je ne pouvais pas résister à l'attirance qu'ils exercent sur moi. Ils sont tellement primitifs, tellement purs… Je voulais ressentir ce qu'ils ressentent, savoir ce que c'est que de courir de telles distances, ce qui vient à l'esprit après huit ou dix heures d'efforts, ou même davantage. Je rêvais d'être capable de courir comme eux toute la journée.

Chris, qui était allé à leur rencontre au fin fond des canyons, envisageait maintenant de participer avec eux, au moins en partie, à une course de 80 kilomètres organisée par un certain Caballo Blanco, un ultra-trailer excentrique qui vivait avec les Tarahumaras. Mais Chris n'était pas venu pour parler des Tarahumaras. Il était là pour écrire un article sur la meilleure façon de se préparer aux raids multisports, qui mêlent kayak, escalade, alpinisme…

Pour commencer, je l'ai emmené courir dans des collines pas trop élevées. C'était un type athlétique, qui avait pratiqué l'aviron à l'université, mais il se croyait perdu pour la course à pied. En deux mots, il disait trouver ça trop douloureux, ne pas avoir l'endurance nécessaire ni le goût de l'entraînement. En somme, il avait renoncé.

Ce soir-là, de retour à l'hôtel, j'ai déchiré notre programme et me suis décidé à le coacher. J'étais convaincu que chacun, qu'il soit grand, petit, gros, maigre, athlétique ou pas, peut se transformer pour devenir un bon coureur. Quand nous nous sommes retrouvés le lendemain, je lui ai proposé de l'aider. Je lui ai expliqué qu'il y a une bonne et de mauvaises façons de courir. Ses foulées étaient trop grandes et leur fréquence trop lente, il manquait d'efficacité et attaquait le sol avec le talon. Chaque pas supplémentaire le détruisait un peu plus.

Le jour suivant, je lui ai montré une nouvelle façon de courir et lui ai préparé un plan pour lui permettre d'atteindre un objectif ambitieux : être capable de courir à volonté, n'importe quand et pour le restant de ses jours. À la fin de notre séance, nous nous sommes assis sur un green du parcours de golf municipal de Denver pour parler de la course des Copper Canyons. Chris pensait ne jamais en être capable, mais tenait vraiment à y participer. Nous avons conclu un marché : j'allais l'entraîner et lui ai promis que, s'il faisait ce que je lui disais, il viendrait à bout de cette course. Puis il m'a demandé si j'étais prêt à la faire avec lui. Le mot « oui » n'a jamais jailli si vite de ma bouche… excepté à mon mariage.

Un an plus tard, après quelques hésitations sur la date de la course et une nouvelle naissance à la maison, je me suis retrouvé au Mexique, dans l'État de Chihuahua, ballotté dans un car brinquebalant avec Chris à mes côtés. Nous descendions vers Batopilas, près de 2 000 mètres en contrebas, sur une route de terre battue pleine de nids-de-poule et trop étroite pour qu'on puisse s'y croiser. Il y avait un à-pic d'un côté et une falaise de l'autre et je me demandais si notre « dream team », comme l'appelait Caballo, n'allait pas passer de vie à trépas avant même d'avoir rencontré le Peuple qui court.

Batopilas était le point de départ de notre aventure. Après deux nuits dans un hôtel miteux, nous nous sommes lancés dans un trek de 50 kilomètres à travers de profonds canyons en direction d'Urique, où la course devait avoir lieu. Nos bagages étaient transportés à dos de mule, ce qui nous permettait de ne porter que la boisson et la nourriture nécessaires pour le trajet. Trois quarts d'heure après notre départ, en arrivant dans une clairière ombragée, nous nous sommes retrouvés cernés par des Tarahumaras sortis de nulle part, comme des fantômes. Caballo nous a présentés en utilisant les totems animaliers qu'il nous avait attribués. J'étais *El Gavilan*, le faucon – calme, confiant et toujours attentif. Chris était *Oso*, l'ours.

Immédiatement, nous avons eu la sensation que des liens étroits se nouaient avec les Tarahumaras. Les uns ne parlant pas la langue des autres, nous n'avons pas dit un mot. Pas une parole n'a été prononcée pendant ce trek de 50 kilomètres jusqu'à Urique. Nous nous contentions de gestes et de mimiques, mais nous sentions la fraternité s'installer au fil des kilomètres. J'observais attentivement les Tarahumaras et leurs sandales, leur gestuelle, leur force, leurs accélérations, leur façon de bondir d'une pierre à l'autre et ce qu'ils mangeaient. C'était un spectacle fantastique et je devais constamment veiller à ce que ma mâchoire ne traîne pas dans la poussière.

Nous sommes arrivés à Urique à la nuit tombée. Pendant les jours qui ont précédé la course, nous en avons reconnu une partie, tantôt en marchant, tantôt en courant, et quand je l'interrogeais sur la difficulté du parcours, Caballo répondait par un petit sourire en coin. Courant à leurs côtés, nous avons fait plus ample connaissance avec les Tarahumaras. Nous avons fabriqué nos propres *huaraches*, découpées dans des pneus de camion. On dévorait des kilos de tortillas et de *tamales*[5] et, le soir venu, on se détendait autour de quelques bières. À vrai dire, ce n'était pas très différent de la vie, centrée sur la course et la montagne, que je m'étais faite à Jackson.

Une dernière nuit de sommeil agité et le jour de la course est arrivé. Au petit matin, Chris, qui avait toujours un peu de café en réserve, m'en a servi une tasse dont j'avais bien besoin. J'ai enfilé mon t-shirt (orné du numéro 16) et pris mon camelback. La ligne de départ nous attendait. Chris était à côté de moi et je voyais bien qu'il ne se sentait pas à sa place dans

5. Petits pains de maïs traditionnels (NDT).

cette tribu de coureurs, où les vieux côtoyaient les jeunes. D'une façon ou d'une autre, la course allait lui démontrer le contraire.

De canyons en passages à gué, d'ascensions en descentes interminables, kilomètre après kilomètre, j'ai couru dans la chaleur et la poussière, et c'était dur. Le plus jeune des Tarahumaras, qui était parti en trombe, commençait à marquer le pas, mais il n'était pas question pour moi d'aller le chercher. Je n'étais pas dans cet état d'esprit. Je savais depuis le départ que je ne pouvais pas gagner cette course, mais je suis un compétiteur et je tenais quand même à être au cœur de la bagarre.

Au 29e kilomètre, sur une portion roulante, j'ai pourtant dû faire une pause. Quelque chose n'allait pas. Je n'étais pas dans la course et, quand la motivation n'est pas là, on a vite fait de céder à la douleur qui plombe les jambes et les poumons. En nage sur le bord du sentier, j'essayais de reprendre mon souffle, quand Scott et Arnulfo, le meilleur Tarahumara, sont passés à ma hauteur, dans le sens du retour. Leurs jambes souples et luisantes semblaient toujours aussi fraîches et rapides.

J'ai su alors que je ne devais pas voir cette course comme une compétition, mais juste y prendre plaisir. Ce voyage dans les Copper Canyons cadrait parfaitement avec la vie vouée à la course à pied que je construisais depuis des années en balayant les doutes et les craintes qui se dressaient en travers de mon chemin. C'était l'essence même de mon Grand Projet et gagner cette course n'avait rien à voir avec ça.

L'objectif était de coacher Chris, de l'amener à en venir à bout. Cette expérience mexicaine resterait inachevée, incomplète, s'il ne passait pas la ligne d'arrivée ou s'il ne le faisait pas en courant. Son Grand Projet à lui, c'était de faire partie de la tribu des coureurs d'ultra et le mien, c'était qu'il y parvienne.

Une fois mes idées en ordre, je me suis remis en route avec une sensation de plénitude. J'ai refait dans le sens de la descente la longue et terrible ascension que nous nous étions coltinée à l'aller. L'arrivée n'était plus qu'à quelques kilomètres et je me sentais plus fort et plus rapide que jamais depuis le départ. J'ai croisé Chris près du pont suspendu. Bon dernier, il allait seulement entamer la montée et il lui restait au moins deux heures de course. Il était rayonnant, malgré les kilomètres et la chaleur.

– La montée va te paraître plus longue que dans ton souvenir. Fais-toi à cette idée, lui ai-je lancé, heureux de le voir courir. Les kilomètres qui restent seront sûrement les plus longs de ta vie. Prends ton mal en patience et continue à courir.

Chris a opiné et a poursuivi son chemin. Quand je l'entraînais, je n'étais jamais certain qu'il comprenait parfaitement tout ce que je lui disais. Quoi qu'il en soit, il était maintenant seul face à lui-même. Je lui avais dit tout ce que j'avais à lui dire et je ne pouvais rien faire de plus.

Après avoir franchi la ligne d'arrivée, qui était aussi celle du départ, je me suis attablé avec les autres concurrents, américains comme mexicains, à l'unique restaurant d'Urique où nous avons bu, mangé et refait la course, comme le font tous les coureurs, puis nous avons recommencé, encore et encore. Je ne cessais de penser à Chris, espérant qu'il continuait à mettre un pied devant l'autre.

Deux heures plus tard, soit douze heures après le départ, alors que le jour tombait et que le ciel virait à l'orange, on nous a annoncé qu'il était sur le point d'en terminer. Accompagnés du groupe de mariachis, nous sommes tous allés à l'arrivée. J'ai scruté l'horizon, essayant d'être le premier à l'apercevoir. Chris est finalement apparu au loin, sur la route, puis il est arrivé sur la place du village. Le pic d'adrénaline typique des fins de course, quelle que soit leur longueur, donnait fière allure à sa foulée. Je l'ai acclamé, puis, le poing en l'air, les autres se sont mis à crier avec moi : « Go, Oso ! Go ! »

Chris venait de courir 80 kilomètres sur un terrain impitoyable. Il avait tenu bon et faisait maintenant partie de la tribu des coureurs d'ultra. Une fois la ligne franchie, il est venu droit vers moi. Plus tard, il me dirait combien mes derniers conseils l'avaient aidé avant la dernière grande ascension, mais pour le moment il était à bout de souffle et beaucoup trop assoiffé pour parler. Nous avons tenté un *high five*[6], mais nos mains ne se sont même pas touchées. Sa fatigue, mon excitation… Que dire de plus ? Notre objectif était atteint. Puis il a pris ma main et l'a serrée très fort. Je sentais toute sa joie dans cette étreinte. Il n'y avait rien à ajouter.

---

6. Geste de victoire qui consiste à frapper dans la main de son partenaire ou adversaire en présentant sa paume ouverte et levée.

Mon coaching a permis à Chris d'accomplir son Grand Projet. Je suis fier de pouvoir dire que c'est le cas de beaucoup de mes athlètes et je brûle d'impatience de vous guider vers le vôtre.

Chapitre II

# VOUS DANS LES SPLENDEURS DE JACKSON HOLE

Bon, assez parlé de moi et du passé. Ce qui nous intéresse, c'est vous et votre avenir. Vous en tant qu'athlète. J'emploie ce terme avec beaucoup de respect et en connaissance de cause, parce que, quel que soit votre niveau en course à pied, vous pouvez faire le choix d'être un athlète, vous pouvez en adopter l'état d'esprit et en faire l'essence même de ce que vous êtes. On ne naît pas athlète. C'est une idée fausse, un mythe sans fondement qui devient trop souvent un frein, voire une excuse. On peut choisir d'être un athlète et faire ce choix, adopter cet état d'esprit, ouvre de nouveaux horizons en termes d'accomplissement. C'est tout le propos de ce livre et c'est ce que j'attends de vous.

En réalité, les qualités athlétiques reposent sur la conscience. Cette phrase toute simple est au cœur de mon programme. Ce que je veux dire par là, c'est qu'un athlète doit avoir pleinement conscience de sa gestuelle et de sa technique, de la façon dont il utilise son corps, des efforts qu'il produit, de la façon dont il respire, de ce qu'il mange (et ne mange pas) et, surtout, de ce qu'il pense (et ne pense pas).

J'entrerai davantage dans les détails un peu plus loin, mais, dans un premier temps, il faut aborder l'aspect physique. Je suis fermement convaincu que le corps conditionne l'esprit et, quand ce corps est bien en place, l'esprit l'est lui aussi. Voilà donc le point de départ de notre quête – de votre quête.

Pour commencer, je vais vous demander de mettre vos habitudes de côté et de considérer les choses de façon un peu différente. Je vais vous présenter de nouvelles idées, de nouveaux concepts. Je vous ferai faire des choses qui vont vous permettre de progresser et de tirer pleinement parti de chaque kilomètre. Au fil de cette progression, je vous demanderai d'aller au-delà de ce que vous pensez être capable de faire en course à pied, mais aussi, je l'espère, dans la vie en général.

Et soyez certain que ce processus, ce défi, ou même cette chance, sont à la portée de tous les coureurs. Débutant ou vétéran à la recherche de l'enthousiasme des premiers jours, compétiteur acharné focalisé sur l'amélioration de vos temps et de vos classements, pratiquant occasionnel plus attaché à l'aspect social de la course, passionné contrarié par les blessures à répétition ou simple curieux inspiré par le minimalisme, les Indiens tarahumaras et l'aventure en général, ce livre s'adresse à tous. Comme Frost à la croisée des chemins[7], vous pouvez tout changer en faisant le choix de la connaissance.

---

7. L'auteur évoque le poème *The Road Not Taken* (« La Route non prise ») de l'écrivain américain Robert Frost (NDT).

Vous apprendrez notamment l'importance et le pouvoir de la visualisation sur la performance. Le corps conditionne l'esprit et, à son tour, l'esprit conditionne la performance, mais la maîtrise de ce processus, la capacité à l'exploiter pour atteindre ses objectifs, relèvent de l'exploit et cet exploit passe souvent inaperçu. Nous ne maîtrisons plus l'art du rêve éveillé. Je ne parle pas de ce qui vient à l'esprit quand on passe plusieurs heures sur des sites web touristiques ou après l'achat d'un billet de loterie. Nous sommes tous capables de ça. Je parle du genre de rêve éveillé qui peut vous aider à améliorer vos performances et à réaliser votre Grand Projet.

Il est temps de nous y mettre. Faisons-le dès maintenant. Plutôt que de vous dire simplement ce que vous allez trouver dans les prochains chapitres, de faire l'inventaire des processus mécaniques, physiologiques et psychologiques que je vais vous expliquer, je vais vous les faire vivre.

Chaque matin, au réveil, je suis toujours aussi émerveillé d'être à Jackson, qui est réellement un paradis pour les amateurs de course à pied et de sports extrêmes, de mener le genre de vie dont je rêvais. Voilà un point très important. J'en rêvais et c'est maintenant aussi tangible que le majestueux massif des Tetons, qui m'appelle chaque fois que je franchis le pas de ma porte, aussi réel que l'ours qui se dandine au loin sur le sentier, dans le soleil levant, aussi concret que l'effort nécessaire pour piquer un sprint en montée à 3 000 mètres d'altitude. Je veux que ce soit aussi une réalité pour vous.

Imaginez que vous êtes en route pour Jackson Hole, où vous allez passer une semaine d'entraînement intensif en ma compagnie. Ce stage n'aura rien à voir avec ce que vous avez vécu jusqu'ici en tant que coureur. Ce sera une immersion totale dans ma méthode d'entraînement. Mais, le plus important, c'est Jackson Hole, le Far West authentique, où on trace ses propres frontières, où on s'éveille à d'autres réalités. J'espère que c'est ce que vous attendez de votre visite et de ce livre. C'est, en tout cas, ce que je vous souhaite.

Alors, vous y voilà… Le vol au départ de Salt Lake City ou de Denver a été rapide (mieux vaut que vous sachiez tout de suite qu'il n'y a pas de vols directs pour Jackson, à moins que vous n'ayez un jet privé), mais c'est une plongée dans un autre monde. Quand l'avion sort des nuages, le spectacle est tellement époustouflant que votre visage collé au hublot se fend immédiatement d'un large sourire de béatitude : des sommets acérés, coiffés d'une neige étincelante se succédant jusqu'à l'horizon ; la Snake River sinuant au fond de la vallée ; le vert et le brun roux des alpages… C'est un peu la quatrième dimension.

On comprend immédiatement pourquoi la ville s'appelle Jackson Hole[8]. Le fond de la vallée se trouve à 2 000 mètres d'altitude, mais les Tetons se dressent comme un rempart de 4 000 mètres à l'ouest et le massif de Gros Ventre, à l'est, culmine à près de 3 700 mètres. Les trappeurs et autres chasseurs qui se sont aventurés dans la région au début du XIX$^{e}$ siècle ont réellement

8. *Hole* signifie trou (NDT).

dû se dire qu'ils étaient allés trop loin en débouchant dans ce vase clos. L'impression est toujours la même aujourd'hui, quand l'avion s'enfonce entre les sommets et se prépare à se poser sur l'aéroport de Jackson Hole, dont les structures basses et rustiques semblent faire corps avec le vaste espace plat de la vallée.

Ici, pas de passerelle. Attrapez votre sac, auquel vos runnings sont suspendues par les lacets, et descendez directement sur le tarmac. Inspirez profondément. L'air est enivrant, le ciel incroyablement vaste et proche. En suivant la ligne tracée sur le béton qui mène au terminal, vous vous retournez pour observer les montagnes et c'est comme si elles vous sautaient au visage. Suivez des yeux cette ligne de crête, dominée par le majestueux Grand Teton, puis laissez votre regard plonger au fond des entailles sombres et profondes que les gorges découpent entre les sommets. Vous vous imaginez courant sur un sentier en direction du Teton Crest. On dirait un autre monde… Peut-être même un autre vous.

Bienvenue à Jackson ! Cette splendeur pleine de promesses et de défis est ici partout. C'est l'une des raisons pour lesquelles vous êtes venu. Dans les jours qui viennent, vous allez voir de vos propres yeux tout ce que Jackson peut offrir. Dans le même temps, la découverte de mon programme d'entraînement vous donnera une idée de ce que j'attends de vous et de ce que vous pourrez tirer de cette nouvelle façon de procéder, de voir les choses, aussi bien dans votre pratique de la course à pied que dans votre vie de tous les jours.

Nous nous retrouvons devant l'aéroport. J'ai le crâne rasé, je suis sec, mes épaules sont voûtées et mon visage est fendu d'un large sourire. Je suis ravi de vous voir enfin en chair et en os. Je vous fais monter dans mon camion et je démarre, les vitres grandes ouvertes.

Entre l'aéroport et le centre-ville, des bisons vagabondent au bord de la route. La silhouette d'un élan se découpe sur une crête, celle-là même où nous ferons des séances de qualité dans les jours qui viennent. Nous doublons aussi un trio de cyclistes, qui emmènent de grands braquets sur le faux plat et vont à peine moins vite que nous. Vous allez vite comprendre qu'à Jackson, on ne reste jamais très longtemps sans voir quelqu'un pédaler, courir, randonner, pagayer ou skier en hiver. La ville la plus propice à l'aventure sportive… Chris avait vu juste.

Mais, avant de passer à l'action, profitons de cette première soirée pour nous poser et bavarder, histoire que je sache un peu mieux d'où vous venez et où nous irons ensemble au cours des sept prochains jours, voire au-delà. Attablés à la Snake River Brewery, devant un steak-salade ou une truite grillée, nous allons parler d'un tas de choses : de Jackson et de l'histoire de la vallée, du Far West, du ski « entre midi et deux », de ce qu'on ressent vraiment par - 20 °C, des prix exorbitants de l'immobilier, et des pumas, tout ça, bien sûr, avec la perspective de l'aventure sur le point de débuter. Le voyage vous a peut-être un peu fatigué, mais vous ressentez aussi cette excitation, ces picotements qu'éprouvent tous les coureurs avant une grande épreuve. Nous allons aussi parler des différentes facettes de l'entraînement que vous allez suivre. Comme je suis plutôt du genre à prendre les choses dans l'ordre, nous allons commencer par vos pieds.

Pas d'inquiétude. On ne va pas se la jouer façon Barefoot Ted. Mon compagnon des Copper Canyons, qui est l'un des pionniers de la course sans chaussures, a beaucoup à nous apprendre, mais je ne considère pas la course pieds nus comme un objectif en soi. Je la vois plutôt comme un outil qui permet d'augmenter la force et d'améliorer la gestuelle, ou même comme une question d'hygiène. Souvenez-vous que les Tarahumaras eux-mêmes ne se lancent pas pieds nus sur les chemins rocailleux, mais avec des *huaraches*. Dans un premier temps, nous allons nous focaliser sur le renforcement du pied et il est essentiel que vous ressentiez vraiment ce qui se passe.

Retirez vos chaussures. Ne vous en faites pas, nous sommes à Jackson et vous n'êtes pas le premier à vous déchausser dans cet établissement. Maintenant, regardez vos pieds. Sous les chaussettes, ils sont sans doute restés un peu pâlots. Vos orteils s'étalent et collent sur le carrelage. Tout ce qui concerne la force et l'élasticité des membres inférieurs, mais aussi les qualités générales du coureur découlent littéralement de ces drôles d'appendices. Exactement comme une voiture de course dépend de ses quatre pneus pour sa tenue de route, quelles que soient la puissance de son moteur et la sophistication de ses suspensions, les performances et la santé du coureur sont d'abord liées à l'action de son pied, fait de vingt-six os, trente-trois articulations et une centaine de muscles, tendons ou ligaments. Avoir des pieds forts permet d'exploiter correctement toute la musculature de la jambe et du tronc, ce qui assure l'équilibre musculaire tellement essentiel à une bonne pratique de la course à pied. Voilà ce que je vous ferai travailler à l'entraînement.

Peut-être vous voyez-vous déjà dans une salle de musculation pleine de machines et de bruits de fonte. Vous lorgnez vos biceps en portant votre verre à vos lèvres et vous n'arrivez pas à vous rappeler combien vous avez soulevé la dernière fois que vous avez fait des squats, mais ce qu'on est capable de soulever n'a rien à voir avec le développement de la force. L'objectif n'est pas là. Le but, c'est de voir plus loin pour comprendre vraiment quelle est la finalité. Le développement de la force a pour but d'améliorer l'équilibre, de faire en sorte que les grands groupes musculaires n'inhibent pas les petits, ce qui menace tout l'édifice et nuit à l'efficacité. La façon de bouger et d'exploiter sa force est plus importante que ce qu'on est capable de soulever.

Et le plus beau, c'est que cet équilibre musculaire, cette force athlétique, va vous permettre de mieux courir, mais aussi d'échapper aux douleurs, aux bobos et aux raideurs qui, de l'avis de beaucoup, sont fatalement liés à la course à pied.

Que les choses soient bien claires : ces douleurs ne sont pas une fatalité. On vous a sans doute inculqué le contraire, mais, pendant le temps que nous allons passer ensemble, je vous montrerai que c'est faux. Avec la force, l'équilibre, la gestuelle et l'entraînement appropriés, on peut s'affranchir des douleurs habituelles, prendre davantage de plaisir et améliorer considérablement ses performances.

Mais inutile d'aller trop vite. Je ne veux pas vous saouler. Réglons la note et allons faire un tour à Town Square. Rien à voir avec le Times Square de New York, mais, ce qu'on perd en éclat on le gagne en charme, en calme et en émerveillement avec cet environnement à couper le souffle.

J'aimerais en savoir un peu plus sur vous. Ne soyez pas timide. C'est important. Avant de coacher quelqu'un, j'aime me faire une idée précise du stade où il en est sur le plan sportif. Nous autres, coureurs, aimons parler de course. C'est aussi naturel que de mettre un pied devant l'autre. Alors, parlons de nos courses, des bonnes comme de celles où on en a bavé. Parlons de nos séances et de nos dernières sorties longues. Dites-moi quel est votre parcours favori et en combien de temps vous l'avez fait récemment. Au fil de la discussion, je vais comprendre quelle est votre expérience et où vous en êtes sur le plan de l'entraînement. Je vais aussi vous demander, comme vous vous le demandez sûrement vous-même, quels sont vos objectifs. Qu'attendez-vous de la course à pied, dans un premier temps pour la saison à venir – avez-vous une course ou un but précis en vue ? – et au-delà, dans votre vie de coureur en général ? Si vous n'êtes pas compétiteur, parlons de ce que les courses peuvent apporter en termes de développement personnel et du goût d'aventure qu'elles ajoutent à votre pratique.

Bon, OK… On parle, on parle mais on agit peu. Que diriez-vous d'une bière ou, si ce n'est pas votre truc, d'un café ou d'un thé ? Cette première soirée ne doit toutefois pas s'éterniser. Nous avons toute la semaine devant nous et il va falloir aller se coucher. De mon côté, je vais faire le tri dans tout ce que j'ai glané sur votre passé et vos aspirations de coureur.

De retour à votre hôtel, laissez-vous gagner par le sommeil en appréciant l'air frais de la montagne, qui pénètre par la fenêtre ouverte, et en pensant à tout ce qui vous attend sur les sentiers de Jackson.

Une heure après le lever du jour, le soleil éclatant trace ses ombres et ses lumières sur les pentes abruptes des Tetons tandis que le vert et l'or jaillissent des contreforts. Nous nous retrouvons au départ du sentier de Cache Creek Canyon, un itinéraire apprécié des randonneurs, des VTTistes et des coureurs, qui suit le cours d'un torrent à deux pas du centre-ville. Ce sera idéal pour se mettre en jambes. Il ne s'agit pas d'une séance d'entraînement, mais d'une sortie gentiment vallonnée dans la forêt, histoire de mettre la machine en route et de vous permettre de vous habituer à l'altitude. Pour moi, ce sera l'occasion d'observer votre gestuelle.

Sans nous presser, nous en aurons pour 35 à 45 minutes. Au début, je resterai volontairement assez vague pour ce qui est des consignes. Elles se résumeront à des choses comme : « Allez-y doucement ! », l'important étant pour moi de voir à quoi ressemble votre foulée naturelle. Pour vous observer, je devrai varier les points de vue et serai tantôt devant, tantôt derrière. Il se peut que je fasse quelques accélérations, pour voir si vous essayez de recoller, malgré la consigne d'aller doucement, ou si vous restez imperturbable. J'essaierai d'évaluer à quel point vous faites confiance à votre allure.

On peut en apprendre beaucoup sur les gens en courant tranquillement avec eux. Chaque foulée révèle une quantité de détails dont je prends note mentalement : « Wouaw, elle tient bien le rythme ! » « Ah, ses foulées se croisent. » « Il n'utilise pas ses fessiers. » « Elle attaque avec les talons »... Tout ça me montre dans quelle direction je dois aller.

Je suis un expert de la course et un bavard invétéré. Déformation professionnelle... Je vais donc vous parler un peu de gestuelle pendant que nous courons. Comme je l'ai dit à Chris, il y a une bonne et de mauvaises façons de courir et je suis là pour vous expliquer la différence. Les précisions viendront plus tard. Pour le moment, je me contenterai de parler des conséquences de la gestuelle.

Quand elle est bonne, on court efficacement. Quand elle est mauvaise, je vous le donne en mille... on perd en efficacité. Une mauvaise gestuelle contraint à solliciter certains muscles plus que d'autres, ce qui n'est pas optimal. Au fil du temps, les premiers se développent et les autres s'atrophient. Ce n'est pas sorcier. Cette disparité bouleverse l'équilibre corporel dont je vous ai déjà parlé. Quand c'est le cas, ça crée des tensions et produit les douleurs habituelles des coureurs à pied au niveau des hanches, des genoux, des chevilles et des pieds. Nous allons beaucoup insister sur la gestuelle et je suis convaincu que vous apprécierez quand vous commencerez à en changer. Mais, pour le moment, l'important est de rester naturel et détendu, de ne pas trop réfléchir à ce que vous faites. Courir naturellement quand quelqu'un vous observe est l'une des choses les plus difficiles au monde. Heureusement, votre attention sera sans doute détournée par les splendeurs de Jackson, par la forêt qui s'éveille, les sommets qui apparaissent entre les arbres, les questions que vous vous posez sur ce que vous allez faire pendant les sept jours qui viennent et, bien sûr, par l'altitude.

Si vous vivez au niveau de la mer, la première sortie à près de 2 000 mètres sera une découverte, mais pas vraiment positive. Dès que vous sortez de la voiture, en allant au départ du sentier, vous avez l'impression que chaque inspiration vous apporte un peu moins d'oxygène que ce dont vous avez besoin. Même à faible allure, on peut se trouver hors d'haleine, d'autant que chaque montée, même modeste, creuse un peu plus cette dette d'oxygène. Oui, c'est vrai… Jackson est superbe. C'est fabuleux de voir les rayons du soleil se faufiler entre les arbres. Il se pourrait même qu'on croise un ours, un puma ou Dieu sait quoi, mais, pour le moment, dix minutes après notre départ, votre regard reste braqué sur la seule piste qui s'ouvre devant vous et vous ne pensez à rien d'autre qu'à mettre un pied devant l'autre. Un peu déstabilisant, non ? Ça ressemblerait presque à une épreuve de survie, mais vous persévérez – vous êtes ici pour ça – et les capacités d'adaptation de l'organisme sont vraiment incroyables. Dès la fin de la première sortie, vous vous sentirez déjà plus fort et c'est exactement le but de ce processus.

À mesure que nous ralentissons dans les derniers lacets qui nous ramènent au point de départ, votre rythme cardiaque et votre respiration reviennent à la normale. Vous pensez déjà à la prochaine séance et vous vous demandez comment vous réagirez quand la sollicitation sera plus importante. Vous débordez d'énergie et avez hâte d'y être.

C'est le bon moment pour vous expliquer ce qu'est l'essence même de mon programme. Parfois, j'appelle ça l'entraînement cardiovasculaire parce qu'il faut pomper pas mal de sang et ventiler abondamment, mais ça va bien au-delà : il s'agit d'améliorer votre efficacité technique, de développer votre force, de puiser dans les graisses, de repousser le seuil lactique… En deux mots : d'aller plus vite, et vous m'entendrez aussi parler de « socle foncier stratégique ». Appelez ça comme vous voulez, mais je vais vous concocter des séances quotidiennes dans le cadre d'un programme d'entraînement dont la vitesse et le rythme cardiaque seront les variables.

Il permettra de bâtir les fondations nécessaires en termes d'endurance, de force et de vitesse pour faire face à tous les types d'épreuves, et cela, quel que soit votre niveau. Ce programme est suffisamment souple et évolutif pour convenir aussi bien au débutant, qui cherche juste à être plus en forme, qu'au compétiteur d'expérience soucieux de continuer à progresser, ou à ceux qui s'apprêtent à relever leur premier défi, qu'il s'agisse d'un 5 000 mètres, d'un 10 000 mètres, d'un semi ou d'un marathon, voire au-delà.

Vous en salivez déjà, pas vrai ?

Prochaine étape : le petit-déjeuner. De retour en ville, nous allons filer tout droit à la Bunnery[9], juste à côté de Town Square, où c'est l'effervescence. Ceux qui s'apprêtent à entamer leur journée de travail y croisent ceux qui viennent d'achever leur sortie matinale, qu'il s'agisse de course, de vélo, de kayak ou d'escalade. Il n'y a rien de meilleur que de s'attabler devant un petit-déjeuner quand on vient de finir une séance. Le moteur est chaud et prêt à recevoir son carburant.

Ce sera le moment idéal pour parler d'alimentation, dans les effluves de *muffins*, de *buns*, de *burritos* et de *pancakes* aux myrtilles sortant du four. La nutrition joue un rôle très important dans mon programme (comme vous le constaterez dans les jours qui viennent) mais l'objectif n'est pas d'élaborer des menus quotidiens ni de se coller une étiquette (vegan, paléo, végétarien…) Pour moi, la nutrition, c'est d'abord une question d'état d'esprit. L'envie de devenir un athlète et de vivre comme tel suppose de prendre conscience de la façon dont on vit et, notamment, de ce qu'on ingurgite. Nous parlerons de ce qu'est une nourriture naturelle, de la nécessité d'éviter les aliments transformés, en particulier le sucre. Mais, globalement, on sait tous ce qu'il faudrait manger et, surtout, ne pas manger. Le tout est de cesser de prendre des demi-mesures et de s'y mettre vraiment… mais passez-moi la sauce pour que j'arrose mes *huevos rancheros*.

9. *Bun* veut dire petit pain (NDT).

Fini le petit-déjeuner, place à la digestion et il y a pas mal à faire, au propre comme au figuré. Il est temps d'aller vous reposer à l'hôtel, de faire une petite sieste, pourquoi pas suivie d'une balade, histoire de faire connaissance avec Jackson, de bavarder avec les gens du coin, de prendre le pouls de cette ville où vous allez passer la semaine. Je viendrai vous retrouver quand la lumière commencera à décliner.

C'est la fin de l'après-midi et vous voilà de nouveau dans mon camion, filant plein nord le long de l'aéroport en direction du Grand Teton National Park. Arrivés à Mouse Junction, nous traversons la Snake River. Les ombres projetées par le soleil couchant en assombrissent les eaux. La route nous conduit de plus en plus haut, au cœur du parc. L'air est encore doux et agréable, mais les longs poteaux plantés régulièrement sur le bas-côté ne vous ont pas échappé. Ils sont là pour délimiter la route quand elle est couverte de neige et sont plus hauts que le camion. Vous imaginez ces forêts vertes et rousses en plein hiver, quand tout est blanc. Vous êtes encore perdu dans vos envies de ski de randonnée ou de VTT sur neige quand nous nous garons sur la rive orientale du Jenny Lake. Ce sera le théâtre de notre prochaine sortie et je suis sûr que vous n'avez jamais rien vu de tel. Le lac, formé par les glaciers il y a 12 000 ans et cerné par les plus hauts sommets des Tetons, fait trois kilomètres de long et un et demi dans sa plus grande largeur. Ses eaux cristallines reflètent à merveille le ciel et les montagnes alentour. Ce panorama de carte postale sera le décor de cette séance d'une bonne heure, mais c'est à l'intérieur, sur votre paysage mental, que votre attention devra se focaliser.

Sur le sentier couvert d'aiguilles de pin qui fait le tour du lac, je veux que vous réfléchissiez à la préparation mentale, qui est aussi importante que la préparation physique. Ce qu'on a dans le crâne influe sur la performance, un point c'est tout. J'en parlerai beaucoup dans les jours qui viennent, mais, pour le moment, je veux juste aborder la notion de conscience.

Cette conscience est l'une des clés de la maîtrise et de l'amélioration, du progrès et de l'expertise. En fin de compte, elle étend le champ des possibles. Souvent, ce qu'on pense n'est pourtant pas le plus important. Ce qui compte, c'est d'avoir conscience de notre pensée et des actes qui en découlent. La nature humaine veut par exemple qu'on cherche à savoir ce qui nous attend, qu'on s'informe avant d'agir. « Que va-t-il arriver ? Quel sera le résultat ? » Notre pensée – ce besoin de savoir – nous coupe souvent dans nos élans, dans la réalisation de nos rêves, plus encore quand on doute d'être capable de les réaliser. Appelons ça : la peur de l'inconnu. Elle peut nous arrêter avant même que nous ayons commencé, mais, si on peut l'identifier, si on en a conscience et qu'on se lance malgré tout, alors les rêves peuvent devenir réalité. Des choses extraordinaires peuvent se produire quand on s'engage sur cette voie-là, des choses extraordinairement bonnes.

Je l'ai appris au cours de ma propre vie et c'est là-dessus que je m'appuie pour mes propres défis physiques comme pour ma méthode d'entraînement. Quand on se lance dans une aventure, en course à pied comme dans la vie en général, il ne faut surtout pas se focaliser sur le résultat. Oui, tous les athlètes se fixent des objectifs et il est important, voire nécessaire, de chercher à les atteindre, mais on ne peut pas savoir comment les choses vont tourner et c'est ce qui fait la glorieuse incertitude du sport.

Je ne vous parlerai pas que de théorie pure (du genre : Voilà ce qui est possible. À vous de trouver le moyen d'y parvenir.) Je vais vous enseigner des méthodes précises. L'aventure commence par l'identification de vos objectifs, de ce que vous tenez vraiment à accomplir en tant que coureur. Je vous ai déjà fait faire un peu de visualisation, mais nous en ferons encore beaucoup. Je vous apprendrai aussi à utiliser les mantras. Pas d'inquiétude… Il n'est pas question de s'asseoir en tailleur, façon Bouddha, dans les vapeurs d'encens en psalmodiant « Om ! Om ! » C'est génial si c'est votre truc, mais il y a trente-six façons de faire. Ça peut consister simplement à répéter une phrase comme : « Fais ce qu'il faut. » Les mantras permettent de focaliser vos pensées sur l'objectif que vous vous êtes fixé.

C'est littéralement un truc entêtant, mais, si vous me faites confiance pour vous guider pas à pas vers votre Grand Projet, vous verrez que ça fonctionne.

Maintenant, faisons une pause et venez vous asseoir à côté de moi, au bord du lac. Bien. Je sais ce que vous vous dites. Allez-y, retirez vos chaussures ! Je vois bien que vous mourez d'envie de plonger vos pieds fatigués dans l'eau fraîche. Ça fait du bien, non ? Avec un peu de chance, une agréable sensation parcourt tout votre corps et vous avez l'impression diffuse d'être en accord avec ce qui vous entoure.

Restons assis là un moment, sans rien dire, pour en profiter pleinement.

Là-haut, regardez ! Un aigle à tête blanche trace des cercles dans le ciel bleu du Wyoming. Il se laisse porter sans effort par les courants et rien ne paraît inaccessible pour lui. Et si c'était la même chose pour vous ?

## Chapitre III

# LA FORCE UTILE

Bon, il est temps de passer à l'entraînement. Première phase : la force. Vous commencez à trouver vos marques à Jackson. Vous n'êtes sans doute pas encore acclimaté à l'altitude, mais vous avez sûrement hâte d'aller plus loin dans votre quête.

Nous nous retrouvons à la station de Snow King, à deux pas de Town Square. C'est là que les gens du coin viennent faire du ski. Les pylônes des remontées auraient besoin d'un coup de peinture, mais ça n'a pas d'importance. Il y a 500 mètres de dénivelé positif sur moins de trois kilomètres. C'est plutôt raide. Une fois l'hiver terminé, la station reste un terrain d'aventure. Aujourd'hui, les VTTistes prennent le télésiège pour faire la descente de leur vie. Des randonneurs s'enfoncent dans l'épaisse forêt de pins. Les parapentistes descendent en vrilles. Près de la table de pique-nique où nous nous installons pour discuter, un trio de grimpeurs entame le parcours de blocs. Regardez comme ils progressent sur le rocher, la précision de leurs mouvements et la force réellement utile qu'ils déploient. Nous avons beaucoup à apprendre des grimpeurs, comme vous pourrez vous en rendre compte.

Ouvrons une parenthèse dans votre séjour imaginaire. Si vous veniez réellement faire un stage avec moi, à Jackson, je vous ferais travailler en même temps la force, la gestuelle, le foncier, la proprioception et le mental, mais, comme il s'agit d'un livre, nous avons tout notre temps. Chaque chapitre permettra d'aborder un élément en profondeur. Je vous expliquerai la théorie, le pourquoi du comment, puis je vous donnerai des exercices à faire. Ne perdez toutefois pas de vue que ces facteurs dépendent tous les uns des autres. La gestuelle conditionne la force et vice versa, et la formule s'applique à tous les paramètres. Dernière consigne : mieux vaut lire tout le livre avant de vous lancer dans une série d'exercices (par exemple, ceux du renforcement des pieds, dont il est question dans ce chapitre), pour y revenir ensuite plus en détail.

Le livre est structuré de façon à vous donner d'abord une vue d'ensemble. Vous pourrez dans un deuxième temps travailler à fois la force et la gestuelle (ou vous lancer dans le programme de transition), puis le foncier. L'alimentation et la proprioception peuvent être abordées en parallèle.

À la fin du livre, je vous apprendrai à vous coacher vous-même, à être à l'écoute de votre corps, pour faire en sorte que vous gardiez de bonnes sensations, et à adapter votre entraînement à vos capacités. Autre point important : ne commencez ce programme que si vous êtes en forme et ne souffrez d'aucune blessure. Si vous n'êtes pas certain de votre état de santé, consultez d'abord un médecin et/ou un kinésithérapeute.

Nous revoilà à Snow King. Il vous reste six jours à passer à Jackson et nous allons d'abord nous focaliser sur la force. Vous trouvez sûrement ça bizarre. Pourquoi commencer par la force ? Comment la travailler au pied d'une piste de ski ? Bref, vous vous posez beaucoup de questions. C'est une bonne chose. Ça montre que vous vous intéressez.

Primo : faites-moi confiance. Secundo : rappelez-vous que la gestuelle dépend de la force et vice versa. Tertio : sachez que mon programme de développement de la force fait progresser l'ensemble de vos qualités athlétiques. Dernier point – et j'ai gardé le meilleur pour la fin : ce n'est pas en passant des heures dans une salle de musculation qu'on devient athlétique. Je sais que ce qui vous plaît, c'est courir, et les exercices que je vous propose vous permettront de passer beaucoup de temps à le faire sur les sentiers.

Je vais donc vous expliquer aujourd'hui ma conception de la force, comment la développer et dans quelle partie du corps, puis je vous donnerai les éléments nécessaires à une bonne compréhension et, pour finir, nous passerons en revue toute une gamme d'exercices. À la fin de cette séance, votre corps n'aura plus de secrets pour vous. Vous en aurez une conscience aiguë et inédite.

## UNE NOUVELLE IDÉE DE LA FORCE

Oubliez tous vos a priori sur la force. Pas question de soulever de la fonte, de passer d'une machine à une autre dans une salle de musculation, ni d'aller batailler le lundi matin pour se faire une place dans un cours de fitness ou de *cross-fit*. Tout ça peut être très utile pour des tas de raisons, mais je vous demande de voir les choses différemment, de réfléchir à ce que doit être la force pour un coureur. Souvenez-vous que les Indiens tarahumaras ne sont pas seulement de grands coureurs, mais aussi de grands athlètes.

La force, pour moi, c'est la capacité à utiliser l'énergie emmagasinée dans vos muscles pour vous propulser et stabiliser le mouvement aussi efficacement que possible. C'est la capacité à exploiter l'énergie pour accomplir une tâche dans le temps et dans l'espace. En tant que coureurs, nous voulons couvrir une distance donnée, souvent longue, à une vitesse régulière, sans nous épuiser ni compromettre notre gestuelle. Tout ça demande de la force.

L'équilibre fait partie intégrante de cette notion de force. Ce qu'on veut, c'est que le corps tout entier fonctionne comme une entité unique, c'est l'utiliser « correctement » pour gagner en efficacité et le développer de façon équilibrée. Travailler l'équilibre musculaire, c'est éliminer ce que j'appelle la prédominance des grands groupes (pensez à vos quadriceps et à vos pectoraux) en mettant l'accent sur les petits, les muscles de soutien (ceux de la cheville, de la hanche et du dos) qui sont souvent négligés.

L'équilibre favorise le mouvement, la stabilité, l'endurance et la puissance.

En tant que coach, j'ai vu trop de coureurs, notamment ceux qui cherchent la force à tout prix, privilégier les grands muscles locomoteurs, ce qui ne fait qu'accroître leur prédominance et l'atrophie des autres, tout en accentuant le déséquilibre qui a pu s'installer avec le temps, en raison d'une mauvaise gestuelle, par exemple. Ce déséquilibre provoque des tensions et génère un tas de problèmes bien connus des coureurs tels que pubalgie, syndrome de l'essuie-glace (ou tendinite du tenseur du fascia lata), tendon d'Achille sensible, douleurs lombaires, difficultés respiratoires, syndrome rotulien, raideur du tronc, problèmes posturaux et biomécaniques.

Je le répète : les tensions musculaires chroniques viennent de la prédominance de certains groupes et de l'écart dans le degré de sollicitation. Si vous êtes bien équilibré, il n'y a aucune raison pour que vous ayez des tensions chroniques. Par conséquent (ça va sans doute vous surprendre parce que c'est contraire aux idées reçues), il n'est pas non plus nécessaire de s'étirer très souvent. Les tensions vous envoient un signal et l'étirement peut vous soulager, mais il ne résoudra pas le problème.

Souvenez-vous qu'un bon tonus musculaire est nécessaire pour être rapide, fort et puissant. L'analogie la plus parlante est celle de l'élastique. Quand il est trop étiré, il perd son élasticité et devient inutile. On veut qu'il reste vif et réactif. C'est la même chose pour nos muscles. Ils emmagasinent l'énergie et la restituent comme des ressorts. Voilà à quoi se résument la force, la vitesse et la santé.

Il faut arrêter une bonne fois pour toutes d'évaluer la force en fonction du poids qu'on peut soulever, de la puissance qu'on peut déployer ou du temps qu'on met pour faire tel ou tel parcours, mais se focaliser plutôt sur l'équilibre en sollicitant les muscles négligés et en multipliant les connexions neuromusculaires pour recruter davantage de fibres. Cessez de considérer le développement du haut du corps comme une fin en soi. Réfléchissez à la façon dont vous l'utilisez pour vous mouvoir et pour courir. Faites-le aussi avec les pieds, les mollets, les ischios, les quadriceps et les bras.

Les qualités athlétiques résultent d'une combinaison de facteurs. Il s'agit de se mouvoir correctement et avec efficacité, de faire appel à la proprioception pour maîtriser son placement dans l'espace et pour comprendre comment chaque partie du corps fonctionne avec les autres. En développant la force, on améliore la stabilité et l'équilibre de ces différentes parties, ce qui leur permet de jouer leur rôle avec fluidité, puissance, harmonie, et de contribuer à la réalisation de vos objectifs sportifs.

Vous voulez voir à quoi ressemble la force utile ? Jetez un coup d'œil là-bas, dans le parcours de blocs. Regardez ces grimpeurs avec leurs mains pleines de magnésie allant de prise en prise. Voyez leurs jambes et leurs bras musculeux. Observez comme ils utilisent leur poids, qu'ils transfèrent d'un côté ou de l'autre, toujours conscients de leur position dans l'espace et du but à atteindre. Ils se déplacent avec précision et aisance en combinant parfaitement puissance et relâchement. Les grimpeurs sont sûrement les athlètes les plus forts, les plus efficaces et les plus harmonieux qui soient. Incarnation de la robustesse, ils sont capables d'associer la puissance du système anaérobie à l'endurance du processus aérobie. C'est très exactement ce que je veux construire avec vous.

## LA FORCE UTILE, DE BAS EN HAUT

### LES PIEDS ET LES JAMBES

Levez-vous, écartez-vous de la table de pique-nique et retirez chaussures et chaussettes. Vous vous demandez sûrement à quoi peuvent bien servir ces drôles de trucs que je viens de sortir de mon sac. Cette planche de 13 centimètres sur 13 avec une cale sur le côté, c'est un plan incliné. La pièce ronde de 13 centimètres de diamètre avec une demi-sphère fixée au milieu est un disque de stabilité. Les bâtons de ski qui vous ont fait grimacer quand vous m'avez vu les prendre vont vous aider à tenir en équilibre sur ces engins. Ce sont les outils qui nous permettront de travailler la force de vos pieds et de vos jambes dans le cadre du programme qui suit.

Oui, vos pieds. On parle peu des qualités athlétiques nécessaires aux coureurs et de la force qu'elles demandent, mais on parle encore moins de la force des pieds. C'est d'autant plus étrange que leur architecture, des orteils au talon en passant par la voûte plantaire, joue un rôle prépondérant dans notre aptitude à la course. On peut même dire qu'ils ont été déterminants pour notre survie quand nous étions chasseurs-cueilleurs. Avec tous ces os, ces muscles et ces tendons ou ligaments, nos pieds jouent un rôle primordial en termes de force athlétique et d'équilibre. Beaucoup d'athlètes n'imaginent même pas qu'on puisse les renforcer. Ce n'est tout simplement pas concevable pour la plupart d'entre nous. Pourtant, on peut et on devrait le faire avec la même motivation que pour le buste.

Pour les coureurs, les pieds ne sont pas seulement l'un des facteurs décisifs de la force. C'est par eux que tout commence. Ils donnent le ton, bon ou mauvais, à toute la jambe et c'est plus agréable quand il n'y a pas de fausse note.

Pourquoi vous ai-je demandé de commencer par vous déchausser ? Je ne suis pas un maniaque convaincu que courir pieds nus réglera tous vos problèmes, mais mes athlètes s'entraînent toujours de cette façon pendant la phase de renforcement. Les chaussures peuvent inhiber le mouvement naturel et empêchent de sentir le sol. Dans la mesure où notre travail se fait de bas en haut, il est essentiel de savoir comment vous utilisez vos pieds et de déterminer quel rôle ils jouent dans vos performances. Il est donc nécessaire de se déchausser pour faire ces exercices.

Puisqu'on parle de chaussures, la dernière fois que vous êtes allé en acheter, vous a-t-on dit que vous étiez pronateur ou supinateur, c'est-à-dire que votre pied s'affaisse vers l'intérieur ou l'extérieur ? Si oui, sachez que vous n'êtes pas le premier. Les vendeurs, si bien intentionnés soient-ils, conseillent souvent tel type de chaussures ou de semelles correctrices pour compenser votre tendance. C'est un tort. La pronation et la supination sont dues en premier lieu à un manque de stabilité et la meilleure méthode, qui plus est naturelle, pour en venir à bout est sans aucun doute le renforcement. C'est la même chose pour les pieds plats. J'avais une voûte plantaire très basse qui me posait des problèmes. Mes exercices de renforcement en ont fait une voûte haute et forte.

Dans un premier temps, laissons de côté le plan incliné et le disque de stabilité et testons rapidement la force de vos pieds. Mettez-vous en équilibre sur l'un d'eux. C'est un peu incommode, mais pas très difficile. Maintenant, décollez le talon et tenez-vous uniquement sur l'avant du pied. Essayez de maintenir cette position trente secondes. C'est plus dur que vous ne l'imaginiez, n'est-ce pas ? Vous avez probablement eu du mal à maintenir votre équilibre, à faire en sorte que votre voûte plantaire ne s'affaisse pas. Peut-être même avez-vous dû reposer le talon.

Bon, revenez vous asseoir et massez votre pied si nécessaire. J'ai d'autres choses à vous expliquer.

Quand le pied n'est pas assez fort, la stabilité n'est pas optimale, or c'est la base de l'efficacité. Sans cette stabilité, vous êtes un peu comme une maison sans fondations. Avec le temps, elle va finir par s'effondrer. Voilà pourquoi je dis que les pieds conditionnent tout le reste de vos membres inférieurs, des chevilles aux fessiers en passant par les mollets et les genoux. Quand vous vous teniez en équilibre sur l'avant de votre pied, sans doute avez-vous ressenti une légère brûlure dans le mollet ou même dans la fesse. CQFD.

Pour les coureurs, cette interdépendance fait qu'on ne peut pas dissocier la force du pied de celle de la jambe. L'utilisation correcte du pied (en termes de force, de proprioception et de gestuelle) favorise ce que j'appelle la sollicitation et l'équilibre musculaire de toute la jambe. En renforçant le pied, on permet à tous les muscles de jouer pleinement leur rôle et on exploite davantage de fibres, ce qui améliore l'économie et l'efficacité. L'objectif n'est pas d'avoir des muscles plus volumineux, mais de faire en sorte que plus de fibres participent à la fête pour produire plus de force, de puissance et de stabilité.

Quand vous commencerez à faire les exercices que je vais vous montrer avec le plan incliné, vous aurez sans doute l'impression que vos pieds font tout le boulot. Puis, à mesure qu'ils se renforceront, les muscles du mollet et de la fesse prendront le relais et la brûlure sera mieux répartie. En d'autres termes, elle ira là où elle doit aller.

Bon ! Vous êtes sans doute déjà convaincu, mais, pour finir, je tiens à vous parler d'un problème très commun quand on n'a pas les fondations nécessaires. C'est un bon moyen de démontrer que toutes les douleurs et les blessures trop souvent liées à la course à pied ne sont pas une fatalité. Vous le comprendrez au fil du temps que nous allons passer ensemble.

Le moyen fessier est un muscle de la hanche (situé en gros entre les poches avant et arrière de votre jean).

C'est aussi le Grand Manitou de la stabilité en course à pied. Sa faiblesse, ou plutôt son inactivation, est la cause la plus fréquente des douleurs et de l'inhibition du potentiel. Une fois de plus, son efficacité dépend des pieds. Chez un coureur idéal à la gestuelle parfaite, le pied se pose sur l'avant, le gros orteil et la voûte stabilisent le reste du pied, le talon vient à son tour se poser au sol et l'appui revient sur l'avant, le talon se soulève à nouveau et le mollet fournit son effort. La cheville et le genou restent dans l'alignement de la jambe. Les quadriceps et les ischios font leur boulot et le moyen fessier entre en jeu pour stabiliser la hanche au moment de l'impulsion. Le coureur est bien droit et sa foulée solide.

Dans la réalité, nos pieds n'ont souvent pas la force nécessaire, ce qui pose une foule de problèmes. Le talon ne se soulève pas autant qu'il le devrait, la cheville et le genou sortent de l'alignement, le mollet ne se contracte pas comme il faut, le quadriceps est trop sollicité et le moyen fessier pas assez. Or, quand il ne fait pas son travail de stabilisation, la hanche va de gauche à droite. On ne le distingue pas forcément, mais ce va-et-vient existe bel et bien chez beaucoup de coureurs. Les fléchisseurs de la hanche doivent alors contribuer à la stabilisation, ce qu'ils ne sont pas censés faire. Leur rôle, c'est de faire monter la jambe et, quand on leur demande de participer à la stabilisation, ils le font à leurs dépens (... et aux vôtres).

Avec le temps, dans ce monde un peu moins idéal, la stabilité se dégrade puisque certains muscles (plus précisément les quadriceps et les fléchisseurs de la hanche) deviennent prédominants du fait de leur sursollicitation, tandis que les mollets et les moyens fessiers, laissés au repos, s'affaiblissent. Voilà comment surviennent pubalgies, périostites, syndrome rotulien et autres tendinites du tendon d'Achille.

Vous souffrez plutôt d'un syndrome de l'essuie-glace ? Vous a-t-on dit que tout ça était lié ? Les tensions viennent la plupart du temps d'un travail excessif des quadriceps, qui fragilise le tenseur du fascia lata. Et vlan ! Le genou devient sensible.

Il est rare que la douleur, l'inconfort ou la tension surviennent à l'endroit d'où ils proviennent et, pourtant, on soigne obstinément la zone où ils se déclarent sans en chercher la cause. Rien ne nous oblige, nous coureurs, à être en permanence perclus de douleurs et de tensions. Renforcer, en commençant par les pieds, permet de rompre le cercle vicieux dans lequel on s'enferme.

J'ai passé pas mal de temps à parler de douleurs ou de blessures et je suis sûr que beaucoup d'entre vous y sont confrontés, mais je suis sûr aussi que bon nombre y échappent. C'est génial, mais ne perdez jamais de vue qu'il est quand même essentiel de renforcer le pied et la jambe. C'est un moyen d'améliorer l'économie et l'efficacité, c'est-à-dire les performances – un point c'est tout !

Tracez plutôt un cercle vertueux fait d'équilibre et de stabilité et vous courrez plus vite, plus efficacement, sans blessures ni tensions et avec davantage de force. Allez, c'est parti !

## La force exemplaire des Tarahumaras

À Urique, la veille de la course des Copper Canyons, j'ai passé le maximum de temps à observer les Tarahumaras et à échanger avec eux. Je voulais savoir comment ils avaient acquis de telles qualités d'endurance, comment ils font pour courir une centaine de *miles* ou même plus en 24 heures dans un environnement aussi hostile.

J'ai fini par découvrir leur « recette ». Il ne s'agit pas d'un muscle supplémentaire ni d'un quelconque avantage anatomique, mais plutôt du mélange de différents ingrédients : enfants, ils se mettent à courir très tôt et beaucoup. Tout, dans leur mode de vie, les pousse au mouvement : leur alimentation, leur environnement, leurs chaussures, leurs jeux… Cette recette n'a rien d'une potion magique. J'avais déjà conscience de l'importance de ces facteurs pour mes propres athlètes. Ce n'était pas une révélation, mais une confirmation des bienfaits de la « recette » que j'avais moi-même concoctée. Or, dans le monde du coaching qui est tout autant un art qu'une science, la certitude est un luxe.

Pour ce qui est de la force, les Tarahumaras ont tout ce qu'il faut pour la course de fond. Ça m'est apparu clairement lorsque Manuel, qui est un peu le vieux sage de la tribu, a proposé à Barefoot Ted de lui fabriquer une paire de *huaraches*. Ce quasi-sexagénaire aux cheveux d'un noir profond rassemblés sous une casquette de baseball a été l'un des premiers Tarahumaras à participer au Leadville Trail. Pendant tout le temps qu'il a passé à confectionner les *huaraches* de Barefoot Ted, il est resté accroupi dans la rue principale. Pieds à plat, fesses au ras du sol, il a découpé un morceau de pneu avec son couteau à dents. Vous vous dites sans doute que ça n'a rien de sorcier. Essayez seulement de vous tenir dans cette position, de rapprocher vos fesses du sol sans tourner les genoux vers l'intérieur ni pencher le buste vers l'avant. Le fait que Manuel soit resté accroupi près d'une heure tout en travaillant de ses mains témoigne d'une stabilité, d'une résistance et d'un équilibre musculaire remarquables.

Les jours suivants, quand nous sommes allés courir sur les sentiers que Manuel et les autres Tarahumaras arpentent quotidiennement, nous avons vite compris d'où venait la force qu'il a acquise, ce qui m'a convaincu un peu plus du rôle crucial des pieds dans les qualités athlétiques. Les chemins autour d'Urique n'ont rien à voir avec ceux, bien entretenus et très empruntés, dont nous avons l'habitude aux États-Unis. Ils sont rudes, accidentés et couverts de pierres de toutes les tailles et de toutes les formes. Courir sur ces sentiers demande non seulement de l'attention, mais de l'agilité pour poser les pieds aux bons endroits et éviter les pièges.

Qui plus est, il est assez rare dans les Copper Canyons de pouvoir poser les deux pieds à plat dans la même foulée. La plupart du temps, j'en avais un sur une pierre en dévers et l'autre dans la poussière, ce qui demande de l'équilibre, de l'allonge et de la puissance. Les Tarahumaras couvrent quotidiennement de longues distances sur ces sentiers qui les mènent par monts et par vaux. Avec leurs vieilles *huaraches*, ils n'ont pas d'autre amorti que celui de leurs pieds et de leurs jarrets. Dans les parties les plus rocailleuses, c'est comme s'ils faisaient des squats sur une jambe sans cesser de courir. Leur corps est habitué à se déplacer avec une force, une efficacité et une stabilité incroyables, tout ça sans faire la moindre musculation.

Les exercices de mon programme avec plan incliné et disque de stabilité permettent en quelque sorte de reproduire les gestes que Manuel et les autres font sur les chemins des Copper Canyons. Quand vous serez en plein dedans, rappelez-vous que c'est la force des Tarahumaras que vous développez.

## LE HAUT DU CORPS ET LE GAINAGE

Quittons la table de pique-nique au pied de Snow King. Ces pentes nous font de l'œil depuis un moment et il est temps de nous intéresser un peu à elles. Pas question de forcer. L'altitude et l'énorme dénivelé vont semer le chaos en un rien de temps.

Prêt ? C'est parti !

Jolie foulée, ma foi. On dit que la connaissance, c'est le pouvoir et vous semblez plus bondissant depuis que vous savez un peu mieux comment votre corps doit fonctionner. Concentrez-vous sur vos pieds, sentez comme ils percutent le sol. Faites comme si vous ne portiez pas de chaussures, comme si vos pieds nus venaient frapper le sol à chaque foulée. Sentez l'impulsion de vos mollets. Ayez conscience des quadriceps et des moyens fessiers. Sont-ils sollicités ? Avec quelle intensité ? C'est dingue comme les jambes chauffent vite dans une montée raide…

OK, ne vous arrêtez pas, mais concentrez-vous sur votre ceinture abdominale et sur le haut de votre corps. Remarquez comme les bras participent au mouvement des jambes. Balancez-les plus haut. Sentez comme vos jambes montent plus haut, elles aussi. C'est comme si vous étiez une marionnette dont chaque main serait reliée par un fil au genou opposé.

Plus nous nous élevons et plus vous devez être conscient de ce qui se passe au-dessus de votre taille. Sentez comment travaillent la ceinture abdominale et le haut du corps. À mesure que vous fatiguez – vous n'y échapperez pas dans cette côte monstrueuse –, observez l'évolution de votre gestuelle. Êtes-vous replié sur vous-même, épaules courbées, ventre creux et hors d'haleine, ou, au contraire, droit comme un « i », épaules ouvertes et ventre plat, inspirant profondément et surtout relâché ? Laissez-moi deviner… Quoi qu'il en soit, la différence est due essentiellement à la qualité du gainage et à la force du haut du corps.

Je parle de la même force que pour les pieds et les jambes. Ce dont on a besoin, c'est d'endurance, de stabilité, de puissance, de motricité et, par-dessus tout, d'équilibre musculaire. Si vous voulez des gros pectoraux, un cou de taureau et les biceps de Popeye, allez plutôt du côté de Venice Beach, en Californie. À Jackson, ça risque de faire tache et de vous valoir quelques railleries. L'engouement pour l'aventure sportive est tel, ici, que la plupart d'entre nous savons reconnaître la vraie force. Souvenez-vous des grimpeurs que nous avons vus au parcours de blocs. Je me répète, mais c'est ça, pour moi, être athlétique.

Il est temps de vous arrêter. Reprenez votre souffle, mains sur les genoux, si nécessaire. Attrapez ma gourde, buvez une gorgée et profitez du panorama : rien d'autre que le ciel et les montagnes à perte de vue… Vous voyez les Grand Tetons, là-bas, à plus de 4 000 mètres ? Vous irez bientôt les explorer.

Le renforcement de la ceinture abdominale et du haut du corps apporte énormément de choses aux coureurs. On utilise mieux les bras et la motricité s'améliore, on sollicite les muscles qui courent le long de la colonne vertébrale et protègent tout l'édifice, ce qui permet d'être plus droit et plus stable. On respire mieux, on est plus relâché et on maintient plus longtemps une gestuelle économique, ce qui est particulièrement important dans les derniers kilomètres, quand tout est sur le point de flancher.

À l'inverse, négliger ce travail de renforcement général, c'est aller au-devant des problèmes. L'interdépendance coûte autant qu'elle apporte. Très souvent, les épaules des coureurs ont tendance à se fermer, ce qui contracte les pectoraux, tire sur les muscles du dos et génère des douleurs quand on court, mais aussi – soyons francs – dans la vie de tous les jours. Garder les épaules dans cette position nuit également à la respiration et à la mobilité des bras comme de l'ensemble du haut du corps. Sans cette mobilité, le buste se balance de gauche à droite, ce qui compromet à la fois l'efficacité et l'équilibre. En outre, la fatigue s'installe plus vite et on courbe l'échine de plus en plus bas.

C'est la même chose quand on manque de gainage, quand les abdominaux et les lombaires ne se contractent pas comme ils le devraient. Vous arrive-t-il pendant les sorties longues de ressentir une douleur entre les omoplates ou une gêne dans le dos à chaque inspiration ? Si oui, vous allez devoir travailler le haut du corps et la ceinture abdominale, mais ne vous en faites pas, on en a tous besoin.

Les exercices ressemblent beaucoup à ce que les grimpeurs font en falaise ou en bloc. Il y a beaucoup de mouvements d'avant en arrière, de gauche à droite et dans les trois dimensions. Vous allez devoir contracter certains muscles de façon prolongée (ce qu'on appelle contraction isométrique) tout en bougeant d'autres parties du corps. Pensez au grimpeur suspendu à la falaise par les deux mains et cherchant une prise de pied.

En course à pied comme en escalade, il faut bouger et stabiliser à la fois différentes parties du corps. C'est exactement ce que vous allez faire avec les exercices de *fitball*.

Je vous sens impatient de commencer, maintenant que mon idée de la force et de l'équilibre vous ont convaincu. N'ayez crainte, vous aurez tout le temps de découvrir des muscles dont ne soupçonnez même pas l'existence. À la descente, nous allons parler de l'importance de la proprioception dans ce programme de renforcement.

## DÉVELOPPEMENT DE LA FORCE ET PROPRIOCEPTION

Si un grimpeur en solo se déconcentre, se désunit et fait un faux mouvement, il risque d'y laisser sa peau. Les conséquences sont moins graves pour nous, coureurs, mais, pour profiter pleinement des formidables bénéfices du renforcement, il faut rester concentré et maintenir tous ses sens en éveil pendant les exercices. Heureusement, ceux que j'ai mis au point vont également améliorer votre proprioception. Quand vous ferez les exercices à l'aide du plan incliné, vous devrez être conscient de la façon dont vous utilisez votre gros orteil, votre voûte plantaire et le reste de votre pied. Les autres, qui consistent à stabiliser certaines parties et à en mobiliser d'autres, vous obligeront aussi à comprendre parfaitement comment votre corps agit et réagit, quelles parties sont contractées et lesquelles sont relâchées.

Beaucoup de ces exercices exigent une intense concentration. Ils requièrent des mouvements que vous ne pouvez pas observer. Il faut donc les sentir et les visualiser, ce qui stimule la proprioception. Il s'agit de comprendre les mécanismes corporels et la nécessité d'être relâché pour être efficace et puissant. Quand les exigences physiques et mentales sont importantes et simultanées, on obtient d'excellents résultats.

Cette compréhension va vous permettre de développer votre force, mais aussi votre mémoire musculaire. Plus vous vous entraînerez, mieux vous saurez exploiter intuitivement votre musculature de façon équilibrée. Vous sentirez ce qui est bon et ce qui ne l'est pas sans même avoir besoin d'y penser.

La conscience stimule la performance et, si vous faites consciencieusement ces exercices de renforcement, vous obtiendrez de très bons résultats, surtout dans le domaine de la gestuelle.

# DÉVELOPPEMENT DE LA FORCE UTILE

## PRINCIPES DES EXERCICES

Considérez-vous comme un adepte des arts martiaux. Ayez conscience de ce que vous faites et faites-le avec application. Je le répète : la conscience et la gestuelle sont déterminantes et, en plus de la nécessité d'être pieds nus, ce sont les seules règles de ce programme. Respectez-les scrupuleusement et la force utile viendra d'elle-même. Inutile de multiplier les répétitions si la gestuelle se dégrade à mi-parcours. « Plus » ne rime pas toujours avec « mieux ». Arrêtez-vous une seconde sur cette phrase pour vous en imprégner. Concentrez-vous autant que nécessaire pour faire ces exercices correctement.

En tant que coach et athlète, je sais parfaitement que beaucoup vont d'instinct vouloir faire tous les exercices avec une intensité maximale et le plus vite possible. Oubliez cet état d'esprit. La clé de ce programme, c'est l'application. Faites ce que vous pouvez, quand vous le pouvez, mais soyez assidu. Dans la mesure où nous cherchons l'équilibre, c'est-à-dire à solliciter aussi bien les muscles prédominants que ceux qui interviennent en soutien, vous pouvez faire ces exercices très souvent, alors que ce n'est pas le cas avec les méthodes de renforcement plus traditionnelles. Il n'est toutefois pas impossible que vous ayez des courbatures au début et qu'il vous faille quelques jours de repos, mais ça passera.

Être assidu, c'est essayer d'en faire au moins un peu chaque jour. Je sais bien que vous êtes très occupé, mais l'intérêt de ce programme, c'est aussi d'encourager à découper les circuits en portions. Concentrez-vous sur un ou deux exercices, si c'est tout ce que votre emploi du temps vous permet. Quand une opportunité se présente, faites le circuit complet. Essayez aussi de faire les exercices à l'aide du plan incliné juste avant une sortie. Ils réveilleront vos muscles et vous donneront les sensations nécessaires à une bonne gestuelle lorsque vous irez courir. Il ne s'agit pas de faire une heure de renforcement avant une sortie de trente kilomètres. Un peu suffit à faire beaucoup et il faut faire preuve de bon sens.

Au début de chaque exercice, allez-y lentement. Ne dépassez pas vos capacités. J'ai conçu ce programme comme une progression. Certains exercices vous paraîtront difficiles à la fin, mais c'est normal. Faites preuve de patience et mettez votre ego de côté. Une fois de plus, inspirez-vous des arts martiaux : maîtrise des mouvements et pratique assidue. Avec ces exercices, vous allez progresser, vous allez vous renforcer là où vous en avez besoin, vous allez devenir plus fort que vous ne pouvez l'imaginer et vous allez acquérir une mémoire musculaire bénéfique pour le travail de la gestuelle.

Faites également preuve de créativité. Il faut que ça reste plaisant. Je vous donnerai des trucs, mais ne comptez pas que sur moi. Faites varier le nombre de répétitions (huit, dix, douze ou regroupez-les par deux ou trois), la durée des enchaînements (le nombre d'exercices), la vitesse d'exécution et même le lieu où vous réalisez les exercices. Faites-les sur une piste, au parc, ou en musique dans votre salon. Bref, amusez-vous.

Dernier point, qu'il ne faudra pas négliger : pour les pieds et les jambes, comme pour le haut du corps et le gainage, le but n'est pas de vous entraîner pour vous entraîner, mais d'améliorer vos qualités athlétiques, de faire en sorte que votre corps fonctionne harmonieusement, avec force et équilibre, pour faire de vous un coureur plus naturel et plus efficace. Gestuelle et proprioception vous y mèneront.

## MATÉRIEL

Pour réaliser ce programme, il vous faudra un peu de matériel. Voilà ce que vous devrez acheter (ou emprunter à votre salle de sport) et pourquoi vous en aurez besoin. Aucun de ces articles ne vous coûtera très cher et il est important que vous les ayez sous la main avant de commencer.

### 1. PLAN INCLINÉ

À elle seule, cette pièce toute bête m'a ouvert de nouveaux horizons. Vous êtes sans doute un peu sceptique. Qu'est-ce qu'une planche en dévers peut bien vous apporter ? Et puis ces exercices semblent bien trop faciles… L'un de mes athlètes les trouvait « mignons »…

avant de s'y mettre. Comme tous les autres, il a très vite compris la façon dont le plan incliné fait travailler le pied et plus particulièrement le gros orteil. En faisant varier l'inclinaison du pied sur la planche, il a compris qu'on pouvait solliciter tous les muscles de la jambe et de la hanche. Ce sera la même chose pour vous.

Après quelques semaines de plan incliné, vos pieds seront de véritables bombes et votre stabilité sera assurée. Ces exercices sont simples, efficaces et réalisables au quotidien.

J'ai fait fabriquer des plans inclinés compacts et d'une seule pièce, où on ne pose que l'avant du pied, qui améliorent l'élasticité et les performances. Allez jeter un œil sur www.born2run.com. Je suis sûr que vous aurez envie de relever le défi qu'ils vous lancent. Cela dit, vous trouverez beaucoup d'autres modèles en ligne et dans la plupart des salles de sport (où on les utilise en général pour étirer le mollet) qui feront tout à fait l'affaire. Il y en a de toutes les formes et de toutes les tailles. Avant d'en acheter un, veillez juste à ce qu'il ressemble à peu près aux miens.

**2. DISQUE DE STABILITÉ**

Avec le plan incliné, vous allez passer d'exercices à plat à des exercices sur l'avant du pied, talon décollé, qui reproduisent la pose à adopter lorsque vous courez. Quand vous aurez acquis un peu de force, vous passerez au disque de stabilité, qui ajoute une dimension mobile et vous pousse à travailler davantage l'équilibre musculaire. Ce petit disque qui n'a l'air de rien va solliciter des tonnes de fibres musculaires et vous permettre de développer une force incroyable, tout ça sans poids ni haltères. Comme pour les plans inclinés, les disques que j'ai conçus sont parfaits pour réaliser ces exercices tout simples, et faciles à transporter. Vous les trouverez également sur www.born2run.com, dans votre salle de musculation ou dans les bonnes boutiques de fitness en ligne. Il en existe aussi différentes sortes sous différentes appellations (*wobble board*, par exemple), alors allez d'abord voir à quoi ressemblent les miens avant de choisir le modèle.

### 3. FITBALL

On a tous vu ces gros ballons très résistants qui viennent de Suisse (ce qui explique qu'on les appelle aussi *Swiss balls*). Ils ont d'abord été utilisés pour soigner les patients atteints de paralysies neurologiques. Médecins, kinés, coaches, entraîneurs et athlètes leur ont depuis trouvé beaucoup d'autres intérêts.

À l'inverse d'une surface plate et stable, le *fitball* impose de veiller au maintien de l'équilibre, ce qui stimule davantage de muscles, en particulier les petits, qui viennent en renfort et dont on a besoin pour assurer la stabilité générale. Vous en trouverez chez tous les marchands d'articles de sport et de musculation. Fiez-vous au guide des tailles imprimé sur la boîte (ou disponible en ligne) pour choisir celle qui vous correspond.

### 4. BÂTONS DE SKI

Oui, vous avez bien lu… Des bâtons de ski, mais des bâtons de marche ou des manches à balai sciés à la bonne taille feront très bien l'affaire. Inutile de préciser qu'ils seront d'une aide précieuse pour maintenir certaines positions quand vous commencerez le renforcement des pieds et des jambes. Accessoirement, ça vous permettra aussi de rentabiliser un peu mieux ce coûteux matériel.

# PROGRAMME DE RENFORCEMENT DU PIED, DE LA JAMBE ET DES FESSIERS

## A. ÉQUILIBRE SUR PLAN INCLINÉ

Focalisons-nous d'abord sur les fondations, c'est-à-dire le renforcement du pied. Ces exercices vous donneront une idée de la manière dont votre pied réagit en termes de force et de stabilité lorsque vous vous tenez sur l'avant, talon relevé. Au fil du renforcement, ils vont stabiliser et harmoniser la musculature de votre jambe tout entière.

### Consignes générales

▸ Faites l'ensemble des exercices à l'aide du plan incliné trois à cinq fois par semaine.

▸ Les trois exercices ci-dessous suivent une progression. Ils ne doivent pas être réalisés en même temps. Il faut maîtriser le premier pour passer au suivant.

▸ Ils sont parfaits pour l'échauffement avant une séance de course à pied.

▸ Faites-les toujours pieds nus.

▸ Concentrez-vous sur le rôle du gros orteil dans la stabilité et l'équilibre.

▸ Maintenez les bâtons perpendiculaires par rapport au sol. Moins vous serrez les poignées et mieux c'est.

▸ Entraînez-vous si possible face à un miroir.

▸ Voici les trois façons de poser votre pied sur le plan incliné pour réaliser ces exercices.

• amont (gros orteil parallèle au bord le plus haut et le plus proche possible de ce bord)

• aval (gros orteil parallèle au bord le plus haut et le plus éloigné possible de ce bord)

• avant (gros orteil perpendiculaire au bord le plus haut et le plus proche possible de ce bord).

Amont

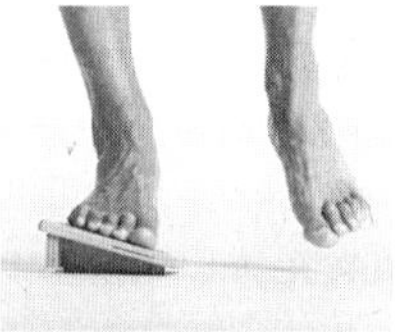

Aval

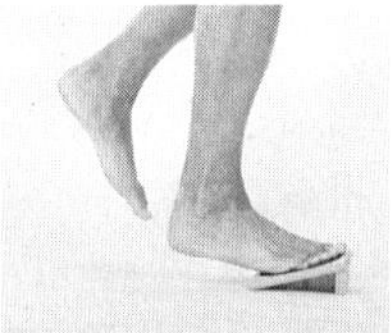

Avant

### 1. Équilibre sur plan incliné avec deux bâtons

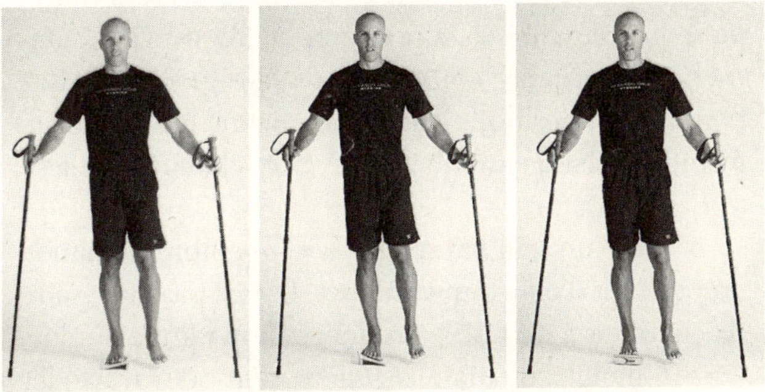

Sur l'avant du pied droit, talon et voûte plantaire relevés aussi haut que possible, cherchez l'équilibre en gardant la jambe tendue et le genou verrouillé pour solliciter le fessier, et maintenez cette position une à deux minutes. Passez par les trois positions sur le plan incliné (amont, aval, avant) en changeant de jambe après chacune d'elles.

▸ Aidez-vous des bâtons pour vous équilibrer en veillant à ne pas trop les serrer. Ne prenez pas appui dessus.

▸ Quand vous tenez facilement pendant deux minutes (avec talon et voûte relevés, et sans flexion excessive du genou), vous pouvez passer à un seul bâton.

### 2. Équilibre sur plan incliné avec un bâton

L'exercice est identique, mais avec un seul bâton pour vous équilibrer. Avec cet appui unique, vous commencez à prendre conscience de la difficulté. Passez par les trois positions sur le plan incliné (amont, aval, avant) en changeant de jambe après chacune d'elles.

▸ Avec un seul bâton, garder l'équilibre demande un peu plus d'efforts musculaires. Il n'est pas nécessaire de chercher à tout prix à rester droit ni jambe tendue.

▸ Changez de main régulièrement pour travailler la stabilité de différentes manières.

▸ Quand vous tenez facilement pendant deux minutes avec un bâton (avec talon et voûte relevés et sans flexion excessive du genou), vous pouvez passer à l'exercice sans bâton.

### 3. Équilibre sur plan incliné sans bâton

Cet exercice est très difficile. Procédez de la même façon que pour les deux premiers, en tenant jusqu'à une minute et en répétant de trois à cinq fois pour chaque pied avant de changer la position du plan incliné. Passez par les trois positions (amont, aval, avant) en changeant de jambe à chaque fois.

▸ À la différence des deux premiers exercices, celui-ci va provoquer des mouvements et des contorsions. Battez-vous pour conserver l'équilibre et amusez-vous.

▸ Faites travailler le pied, pas le reste du corps. Essayez de ralentir les mouvements et les contorsions, et aidez-vous des bras. Évitez les soubresauts. Restez relâché.

## B. MOUVEMENTS SUR PLAN INCLINÉ

Dans cette série d'exercices, nous allons poursuivre le renforcement du pied en ajoutant certains mouvements, ce qui va demander plus d'efforts à vos mollets, à vos quadriceps et à vos fessiers. C'est un véritable défi en termes de stabilité, qui améliore beaucoup l'économie de course et la gestuelle.

### Consignes générales

▸ Commencez cette série d'exercices en même temps que celle de l'équilibre sur plan incliné.

▸ Faites les exercices l'un après l'autre sous forme de circuit, trois à cinq fois par semaine.

▸ Ils sont parfaits pour l'échauffement avant une séance de course à pied.

▸ Faites-les toujours pieds nus.

▸ Concentrez-vous sur le rôle du gros orteil dans la stabilité et l'équilibre.

▸ Maintenez les bâtons perpendiculaires au sol. Utilisez-les – ce sont vos amis – mais ne prenez pas appui dessus.

► Entraînez-vous si possible face à un miroir.

► À la différence de la série « équilibre », le plan incliné ne s'utilise que dans une seule position par exercice.

► Nous travaillons les muscles de la jambe d'appui, pas ceux de la jambe libre.

► Dans cette série, il est très important de garder la jambe tendue et le genou bien verrouillé.

### 1. Montée latérale

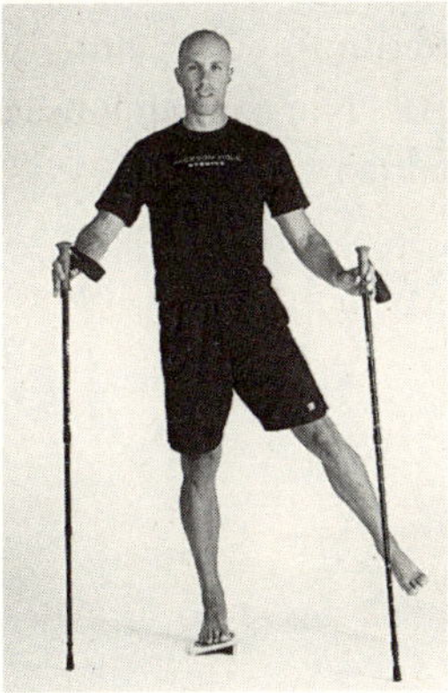

Placez le pied droit sur le plan incliné en position amont, talon et voûte plantaire relevés aussi haut que possible. Trouvez l'équilibre jambe tendue, genou verrouillé. Gardez aussi la jambe gauche tendue et le pied gauche posé au sol. Sans fléchir, faites-la monter sur le côté, en l'éloignant de la droite. Maintenez-la une à deux secondes dans la position la plus haute, puis ramenez-la à la position de départ.

▸ Le mouvement latéral doit être lent, fluide et contrôlé. On ne cherche ni l'amplitude ni la vitesse. Ce n'est pas un étirement.

▸ Gardez la jambe libre tendue en permanence.

▸ Le bassin doit rester droit pendant tout le mouvement.

▶ Cette position apporte mobilité et souplesse à ceux qui ont une voûte plantaire très creuse.

▶ Allez petit à petit jusqu'à vingt ou vingt-cinq répétitions sur chaque jambe. N'essayez pas d'aller au-delà de vos capacités talon relevé et jambe d'appui tendue.

## 2. Montée latérale avec flexion

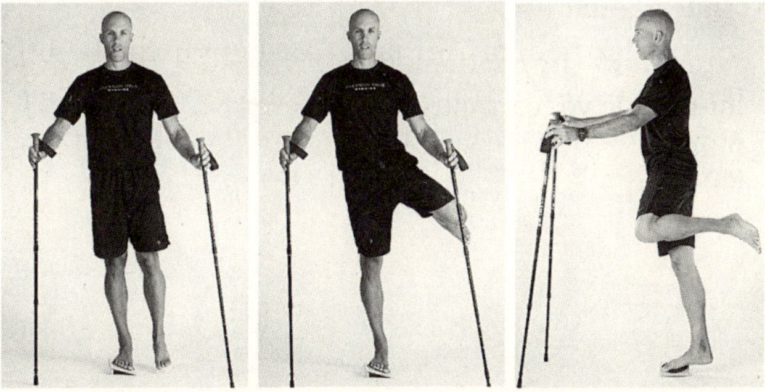

Placez le pied droit sur le plan incliné en position aval, talon et voûte plantaire relevés aussi haut que possible. Trouvez l'équilibre jambe tendue, genou verrouillé. Gardez aussi la jambe gauche tendue et le pied gauche posé au sol, puis fléchissez le genou tout en l'éloignant latéralement de la jambe droite. Maintenez la jambe gauche une à deux secondes en position haute, avec la cheville à la hauteur du genou, puis ramenez-la à la position de départ.

▸ Il s'agit d'un mouvement latéral avec flexion (pas jambe tendue, comme dans l'exercice précédent). Votre jambe gauche doit former un angle droit et la cheville doit arriver à la hauteur du genou.

▸ Le mouvement doit être lent, fluide et contrôlé. On ne cherche ni l'amplitude ni la vitesse. Ce n'est pas un étirement.

▸ Le bassin doit rester droit pendant tout le mouvement.

▶ Cette position sera bénéfique pour les coureurs aux pieds plats parce qu'elle va permettre d'étirer la voûte plantaire.

▶ Allez petit à petit jusqu'à vingt ou vingt-cinq répétitions sur chaque jambe. N'essayez pas d'aller au-delà de vos capacités talon relevé et jambe d'appui tendue.

### 3. Montée du genou

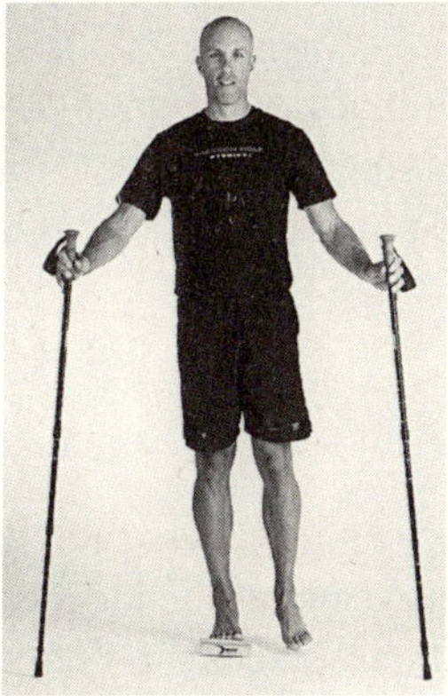 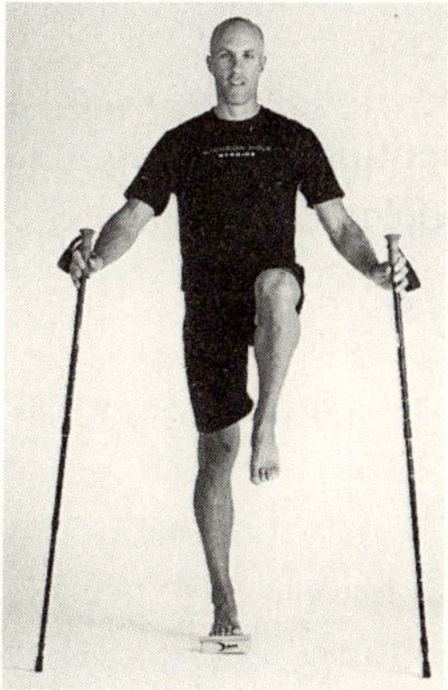

Placez le pied droit sur le plan incliné en position avant, talon et voûte plantaire relevés aussi haut que possible. Trouvez l'équilibre jambe tendue, genou verrouillé. Gardez aussi la jambe gauche tendue et le pied gauche posé au sol, puis montez le genou aussi haut que possible vers votre poitrine en maintenant la cheville et le talon sous les ischios. La jambe droite doit rester tendue et verrouillée. Maintenez la position haute une à deux secondes pour sentir la contraction du fessier, côté jambe d'appui, puis ramenez à la position de départ.

► Cet exercice permet d'augmenter la longueur de votre foulée, ce qui améliore la vitesse, la puissance et l'économie.

► Allez petit à petit jusqu'à vingt ou vingt-cinq répétitions sur chaque jambe. N'essayez pas d'aller au-delà de vos capacités talon relevé et jambe d'appui tendue.

## C. MOUVEMENTS SUR DISQUE DE STABILITÉ

Une fois que vous maîtrisez les mouvements sur plan incliné, vous pouvez entamer les exercices avec le disque de stabilité. Ils sont plus difficiles du fait de sa mobilité.

### Consignes générales

▸ Commencez ces exercices une fois que vous maîtrisez la série précédente (avec plan incliné), mais continuez à faire les deux. Ne remplacez pas l'un par l'autre. En général, on peut s'y mettre quand on est capable de tenir une minute sur le disque, talon relevé et avec deux bâtons.

▸ Faites les exercices l'un après l'autre sous forme de circuit, deux à trois fois par semaine.

▸ Ils sont parfaits pour l'échauffement avant une séance de course à pied.

▸ Faites-les toujours pieds nus.

▸ Veillez à utiliser tout le pied et les orteils pour garder l'équilibre.

▸ Maintenez les bâtons perpendiculaires au sol. Utilisez-les – ce sont vos amis – mais ne prenez pas appui dessus.

▸ Entraînez-vous si possible face à un miroir.

▸ Nous travaillons les muscles de la jambe d'appui, pas ceux de la jambe libre.

▸ Dans cette série, il est très important de garder la jambe tendue et bien verrouillée.

### 1. Montée latérale

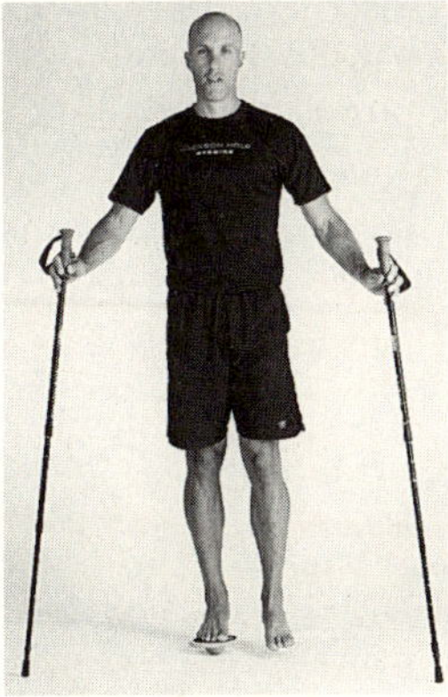

Placez le pied droit sur le disque de stabilité, talon et voûte plantaire relevés aussi haut que possible. Trouvez l'équilibre jambe tendue, genou verrouillé. Gardez aussi la jambe gauche tendue et le pied gauche posé au sol. Sans fléchir, faites-la monter sur le côté, en l'éloignant de la droite. Maintenez-la une à deux secondes dans la position la plus haute, puis ramenez-la à la position de départ.

▸ Le mouvement latéral doit être lent, fluide et contrôlé. On ne cherche ni l'amplitude ni la vitesse. Ce n'est pas un étirement.

▸ Gardez la jambe libre tendue en permanence.

▸ Le bassin doit rester droit pendant tout le mouvement.

▸ Allez petit à petit jusqu'à vingt ou vingt-cinq répétitions sur chaque jambe. N'essayez pas d'aller au-delà de vos capacités talon relevé et jambe d'appui tendue.

## 2. Montée de genou

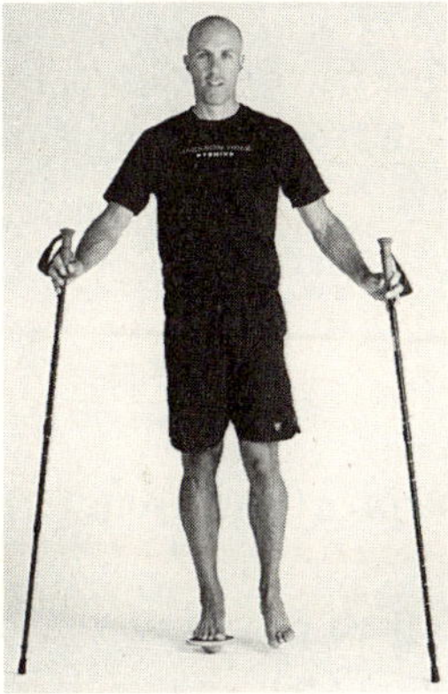 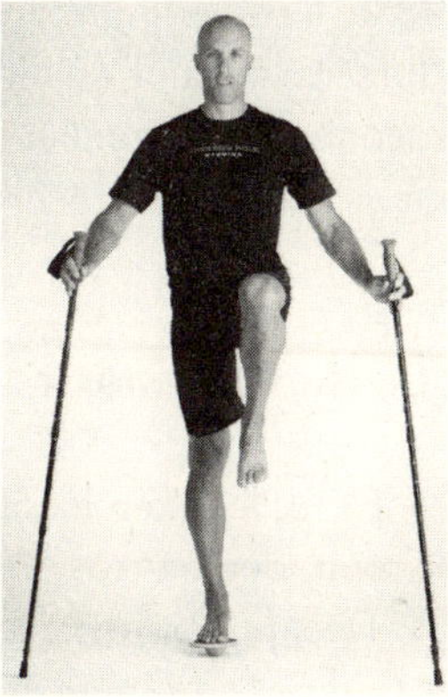

Placez le pied droit sur le disque de stabilité, talon et voûte plantaire relevés aussi haut que possible. Trouvez l'équilibre jambe tendue, genou verrouillé. Gardez aussi la jambe gauche tendue et le pied gauche posé au sol, puis montez le genou aussi haut que possible vers votre poitrine en maintenant la cheville et le talon sous les ischios. La jambe droite doit rester tendue et verrouillée. Maintenez la position haute une à deux secondes pour sentir la contraction du fessier, côté jambe d'appui, puis ramenez à la position de départ.

► Allez petit à petit jusqu'à vingt ou vingt-cinq répétitions sur chaque jambe. N'essayez pas d'aller au-delà de vos capacités talon relevé et jambe d'appui tendue.

## D. RENFORCEMENT DYNAMIQUE

La série suivante est différente parce qu'elle implique beaucoup de mouvements, ce qui améliore énormément la vitesse et la puissance.

### CONSIGNES GÉNÉRALES

▸ Faites les exercices l'un après l'autre sous forme de circuit, deux à trois fois par semaine.

▸ Excepté pour la fente pied à plat avec *fitball*, il ne faut pas commencer tant qu'on n'est pas capable de tenir une minute sur le disque, talon relevé et avec deux bâtons.

▸ Faites toujours ces exercices pieds nus.

▸ Veillez à utiliser tout le pied et les orteils pour garder l'équilibre.

▸ Maintenez les bâtons perpendiculaires au sol. Utilisez-les – ce sont vos amis – mais ne prenez pas appui dessus.

▸ Entraînez-vous si possible face à un miroir.

## 1. Fente avec fitball, pied à plat, sur plan incliné et disque de stabilité

Tenez-vous droit en appui sur la jambe droite. C'est elle qui va effectuer la flexion. Votre pied gauche doit être posé sur le ballon derrière vous. En utilisant les bâtons pour vous équilibrer, fléchissez autant que votre souplesse vous le permet en laissant la jambe gauche partir vers l'arrière et en faisant rouler le ballon, puis revenez à la position de départ.

▸ Il s'agit d'un exercice progressif en trois phases. Faites-le d'abord pied à plat sur le sol. Quand vous maîtrisez cette phase, passez sur le plan incliné, puis sur le disque de stabilité.

▸ L'objectif est de transférer le maximum de poids sur la jambe d'appui et d'alléger autant que possible celle qui repose sur le ballon.

▸ Si le ballon roule sur le côté, c'est que votre hanche est instable. Ne vous en faites pas. Cet exercice est précisément destiné à corriger ce problème. Faites attention à votre posture de façon que les muscles travaillent correctement et maintenez le bassin droit. Avec le temps, vous allez acquérir la mémoire musculaire et la force nécessaires.

▶ Concentrez-vous sur la position de la jambe arrière, qui doit aller bien droit vers l'arrière, ce qui permet la fente. L'exercice améliore l'amplitude et accroît les exigences en termes de mobilité.

▶ Le genou de la jambe d'appui ne doit pas bouger d'avant en arrière, mais de bas en haut. Si le mouvement d'avant en arrière est trop important, c'est qu'il y a trop de poids sur la jambe arrière.

▶ L'objectif est d'arriver à vingt, vingt-cinq répétitions sur chaque jambe et pour les trois variantes.

▶ Progression conseillée : quand vous êtes capable de faire trois séries de vingt à vingt-cinq répétitions sur chaque jambe, pied à plat, passez au plan incliné. Vous ne devez l'utiliser qu'en position amont. Comme pour les autres exercices sur plan incliné, maintenez le talon et la voûte plantaire relevés. Allez jusqu'à trois séries de vingt à vingt-cinq répétitions par jambe. Lorsque vous arrivez à ce stade, il n'est plus nécessaire de continuer à faire cet exercice pied à plat.

▶ Quand vous êtes capables de faire trois séries de vingt à vingt-cinq répétitions avec le plan incliné, vous pouvez passer au disque de stabilité. Lorsque vous arrivez en fin de progression, il n'est plus nécessaire de continuer à utiliser le plan incliné.

## 2. Squat avec rotation

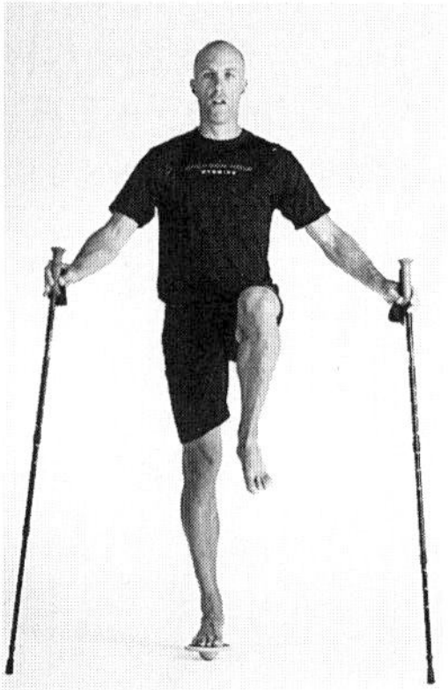

Commencez par le pied droit, en appui sur le disque, talon et voûte plantaire relevés autant que possible. Trouvez l'équilibre jambe d'appui tendue et genou verrouillé. La jambe libre doit également rester tendue, pied décollé du sol. En veillant à rester fluide et à maintenir le disque à plat, faites un quart de squat sur la jambe droite puis redressez-vous (toujours en appui sur la même jambe) tout en montant le genou de la jambe libre (il doit monter le plus haut possible vers votre poitrine). Faites attention à garder la cheville et le talon sous les ischios, et à maintenir la jambe droite tendue et verrouillée.

Tenez la position haute une à deux secondes de façon à sentir la contraction du fessier, puis tournez sur vous-même le plus loin possible de chaque côté en gardant les épaules droites et le genou haut, sans cesser de regarder loin devant et, enfin, ramenez la jambe gauche à la position de départ.

▸ C'est un exercice difficile et il ne faut pas essayer de le faire en entier les premières fois. Décomposez plutôt le mouvement et progressez par étapes. Allez-y doucement en veillant à votre posture. Quand vous maîtrisez tous les éléments séparément, enchaînez-les en vous concentrant sur la fluidité.

▸ Nous travaillons la jambe d'appui. Veillez à la garder tendue pendant les rotations.

▸ L'objectif est d'arriver à trois séries. Augmentez petit à petit le nombre de répétitions pour arriver entre huit et douze sur chaque jambe. N'essayez pas d'aller au-delà de vos capacités talon relevé et jambe d'appui tendue.

### 3. Pistol squat

Commencez par le pied droit, en appui sur le disque, talon et voûte plantaire relevés autant que possible. Fléchissez la jambe droite aussi loin que votre souplesse vous le permet tout en veillant à maintenir le disque à plat. Maintenez la jambe libre devant vous pendant tout le mouvement, un peu à la façon de *Karaté Kid*, puis revenez à la position de départ, jambe tendue. Faites une pause d'une à deux secondes pour sentir la contraction de votre fessier.

▸ Effectuez le squat comme quand vous vous asseyez sur une chaise. Penchez le buste en avant (utilisez tout votre corps). Ne laissez ni le genou de la jambe d'appui ni le disque partir vers l'avant.

▸ Au début, il n'est pas nécessaire d'avoir une grande amplitude. Faites juste ce que vous pouvez et allez petit à petit jusqu'au squat complet.

▸ Quand vous êtes au point, ajoutez un peu de vitesse et essayer de vous redresser de façon explosive.

▸ L'objectif est d'arriver à trois séries. Augmentez petit à petit le nombre de répétitions pour arriver entre vingt et vingt-cinq sur chaque jambe. N'essayez pas d'aller au-delà de vos capacités talon relevé et jambe d'appui tendue.

## CIRCUIT ET PROGRESSION

Il faut essayer de faire tout le circuit deux à trois fois par semaine avec un ou deux jours de repos entre les séances. Quand vous trouvez le temps de le faire en entier, procédez de la façon suivante : faites chaque série d'exercices dans l'ordre (A, B, C, D) en respectant la progression que nous avons décrite. En d'autres termes, si vous commencez, il faut faire les séries A, B et D (mais seulement pied à plat pour la fente avec *fitball*). Quand vous êtes prêt à passer au disque de stabilité, vous pouvez faire tous les exercices de toutes les séries (A, B, C, D).

Faites le circuit dans cet ordre en augmentant la difficulté (*) quand vous êtes prêt.

A. Équilibre sur plan incliné :

1. Avec deux bâtons
2. Avec un bâton*
3. Sans bâton*

B. Mouvements sur plan incliné :

1. Montée latérale
2. Montée latérale avec flexion
3. Montée du genou

C. Mouvements sur disque de stabilité* :

1. Montée latérale*
2. Montée du genou*

D. Renforcement dynamique :

1. Fente avec *fitball*
   – Pied à plat
   – Sur plan incliné*
   – Sur disque de stabilité *
2. Squat avec rotation *

# RENFORCEMENT DU HAUT DU CORPS ET GAINAGE

## INTRODUCTION

Les exercices avec *fitball* sollicitent tout le corps, pas seulement la musculature. Ils vont renforcer à la fois le haut du corps et la ceinture abdominale, stimuler le système nerveux et améliorer votre aptitude à la course.

### 1. Genoux-poitrine

Faites la planche, pieds sur le ballon et bras tendus comme pour faire des pompes, puis ramener le ballon vers vos bras en repliant les genoux vers la poitrine (d'où le nom très inspiré de cet exercice) en faisant monter le bassin. Revenez à la position de la planche et sollicitez les abdominaux entre deux répétitions.

▸ Veillez à garder les orteils pointés vers l'arrière et à ne pas trop fléchir les coudes.

▸ Les épaules ne doivent pas bouger d'avant en arrière et le dos ne doit pas se creuser.

▸ Dans un premier temps, le ballon peut rester près des genoux, puis rapprochez-le petit à petit des pieds pour augmenter la difficulté.

▸ Cet exercice fait beaucoup travailler le gainage. On cherche à améliorer la stabilité et l'endurance du haut du corps et des épaules.

▸ Votre objectif est de faire dix à vingt répétitions. Ne forcez pas.

## 2. Essuie-glace

Placez les genoux sur le ballon, mains posées à l'aplomb des épaules, puis effectuez une rotation du bassin de gauche à droite et de droite à gauche en gardant les genoux fléchis. Ce sont vos abdominaux qui amorcent et contrôlent la rotation.

▸ Pour plus de stabilité, posez les mains bien à plat avec les doigts écartés.

▸ Gardez les genoux fléchis à angle droit et ramenés légèrement vers la poitrine.

▸ Les avant-bras doivent rester le plus près possible du ballon. Ne fléchissez pas trop les coudes, en particulier pendant la rotation.

▸ Cherchez d'abord l'amplitude, puis ajoutez un peu de vitesse.

▸ On cherche ici à améliorer la rotation du bassin, que les coureurs ont souvent du mal à effectuer avec fluidité à cause de tensions au niveau des fléchisseurs de la hanche et des lombaires. Les abdominaux sont également sollicités, ce qui permet de mettre l'abdomen à contribution et sera très utile en course.

▸ Votre objectif est de faire dix à vingt répétitions de chaque côté. Ne forcez pas.

## 3. Scorpion

Faites la planche, cuisses en appui sur le ballon et bras tendus comme pour faire des pompes, puis tournez le bassin vers la gauche en laissant votre jambe droite rouler sur le ballon. Jambe droite tendue et stable, ramenez votre pied gauche le plus près possible de votre coude droit. Gardez le genou haut et pointé vers le ciel. Maintenez cette position une à deux secondes puis revenez à la planche et changez de côté.

▶ Cet exercice est très compliqué. Il doit donc être exécuté avec beaucoup d'attention.

▶ Gardez la jambe d'appui tendue. C'est essentiel pour effectuer le mouvement correctement.

▶ Contractez les abdominaux et ne creusez pas le dos.

▶ Laissez le coude opposé à la jambe en mouvement se fléchir, de façon à augmenter l'amplitude et à solliciter les muscles du haut du dos.

▶ Cet exercice fait vraiment travailler la poitrine, les épaules et le dos, ce qui permet de lutter contre le syndrome du dos rond, contraire à notre foulée naturelle. Comme ce mouvement demande beaucoup d'attention, il améliore considérablement la proprioception. Les exigences en termes de mobilité et d'équilibre vont aussi vous rendre plus athlétique.

▶ L'objectif est de faire huit à quinze répétitions de chaque côté. Ne forcez pas.

## 4. Pont isométrique

Démarrez sur le dos, tête et épaule au sol, bras écartés, mains à plat et pieds sur le ballon. Votre corps doit être bien droit. Concentrez-vous sur votre bassin, que vous devez maintenir haut, comme si quelqu'un tirait des ficelles fixées sur les côtés. Pour corser la difficulté, tendez les bras vers le haut. Maintenez cette position aussi longtemps que possible puis revenez à celle de départ.

▶ Pensez à maintenir votre bassin en position haute et votre corps bien droit.

▶ Contractez les fessiers pour rester bien rigide. Vous devez être attentif à ce qui se passe au niveau du bas de votre dos.

▶ Gardez les pieds joints et pointés vers le haut. Pas de pieds en canard.

▶ Cet exercice fait travailler les lombaires, les fessiers et les muscles stabilisateurs du dos. Il implique également les ischios. Il s'agit en fait de deux exercices en un, suivant la position des bras.

▶ Votre objectif est de tenir la position une à deux minutes. N'essayez pas dès la première fois. Augmentez la durée petit à petit.

### 5. Va-et-vient sur un genou

Posez le genou droit sur le ballon. Transférez tout votre poids sur cette jambe. L'autre doit également être fléchie, mais ne touche pas le ballon. Vos mains sont posées à plat à l'aplomb des épaules et le ballon doit toujours rester le plus près possible de vos avant-bras. Effectuez une rotation de la hanche vers la gauche en laissant votre jambe droite rouler sur le ballon et en maintenant le genou fléchi à angle droit, puis revenez à la position initiale. Il s'agit d'un mouvement de va-et-vient continu. Faites la même chose de l'autre côté, jambe gauche sur le ballon et jambe droite levée.

▸ La jambe libre reste fléchie et ne repose pas sur la jambe d'appui.

▸ Amorcez le mouvement de rotation à l'aide de votre moyen fessier.

▸ Pour revenir à la position de départ, enfoncez votre genou dans le ballon.

▸ Gardez les bras aussi tendus que possible pendant la rotation, et les abdos contractés en permanence pour mieux contrôler le mouvement.

▸ Malgré son nom, cet exercice est un véritable défi pour le corps tout entier, qui vous rendra plus athlétique et améliorera vos qualités de coureur. Ce mouvement apporte puissance et stabilité aux fessiers et à la ceinture abdominale.

▸ Votre objectif est de réaliser huit à quinze répétitions sur chaque jambe.. Ne forcez pas.

### 6. Flexion latérale

Faites la planche, jambes posées sur le ballon et bras tendus comme pour faire des pompes. Amenez le genou droit vers le coude droit en tournant la tête de façon à regarder ce genou. Tenez cette position une à deux secondes et revenez à la planche. Gardez la jambe gauche tendue pendant tout le mouvement. Faites une série complète avant de changer de jambe.

Une fois que vous êtes à l'aise, changez de jambe à chaque mouvement.

▶ Ce n'est pas la vitesse qui compte. Ne lancez pas votre jambe mais contrôlez-la.

▶ Gardez le dos droit et les abdos contractés.

▶ Le ballon peut être près des genoux au début. Rapprochez-le ensuite de vos pieds pour augmenter la difficulté.

▶ C'est un exercice de gainage qui sollicite particulièrement la partie latérale des abdominaux du fait de la rotation.

▶ Votre objectif est de réaliser huit à quinze répétitions sur chaque jambe. Ne forcez pas.

### 7. Bascule

En position de planche, jambes sur le ballon et bras tendus, poussez vers l'arrière en laissant le haut du corps s'abaisser et les jambes s'élever, puis revenez à la position de départ et recommencez.

▸ Pointes de pied tendues, restez bien droit et ferme.

▸ Si vous ressentez une douleur au niveau des lombaires, rapprochez le ballon (pour faciliter le mouvement), montez votre bassin et contractez vos abdos. Ne creusez pas le dos.

▶ Vous pouvez rapprocher le ballon de votre bassin au début et l'éloigner ensuite pour augmenter la difficulté. Faites le mouvement très lentement et en limitant l'amplitude pour accroître la difficulté.

▶ Comme l'exercice précédent, celui de la bascule sollicite beaucoup la partie basse des abdominaux ainsi que le gainage, et renforce la stabilité des épaules.

▶ Votre objectif est de réaliser dix à vingt répétitions de chaque côté. Ne forcez pas.

## EXERCICES COMPLEXES AVEC *FITBALL*

Comme leur nom l'indique, ces exercices sont des variantes beaucoup plus complexes de ceux que vous avez déjà réalisés. Ne passez pas à ces mouvements avant de maîtriser ceux qui sont numérotés de un à sept. Pensez à un adepte des arts martiaux, qui améliore petit à petit ses qualités athlétiques.

### 1. Canif

En position de planche, jambes reposant sur le ballon entre genoux et chevilles, bras tendus. Fléchissez la jambe gauche et faites-la passer sous votre corps en effectuant une rotation du bassin. Essayez de faire en sorte que votre jambe soit à angle droit par rapport au reste de votre corps. Revenez à la position initiale et recommencez.

▸ Laissez les coudes se fléchir pour faciliter la rotation.

▸ Le ballon doit être suffisamment éloigné pour permettre le passage de la jambe. S'il vous paraît trop loin, c'est que vous n'êtes pas encore prêt pour cet exercice. Continuez à travailler la flexion latérale et la bascule (6 et 7).

▸ Si votre dos se creuse, c'est aussi parce que vous n'êtes pas prêt. Revenez à la flexion latérale et à la bascule.

▸ Le canif est formidable pour le renforcement et la stabilisation du haut du corps. Avec cette rotation, vous allez solliciter les abdominaux et tout ce qui se trouve au-dessus. Vous stabiliserez également les épaules en maintenant la position de la planche. Cet exercice demande beaucoup de proprioception et de gainage.

▸ Votre objectif est de réaliser cinq à dix répétitions sur chaque jambe. Ne forcez pas.

## 2. Décapsuleur

Commencez avec les jambes repliées à angle droit, la gauche sur le *fitball* et la droite par-dessus, mains au sol à l'aplomb des épaules. Faites rouler le ballon vers la gauche en y enfonçant le genou et en laissant la jambe droite dans le vide, à côté du ballon. Revenez à la position de départ et recommencez. Faites une série entière avant de changer de côté.

▶ Les genoux restent fléchis à 90 degrés pendant tout l'exercice. C'est primordial. Sentez-les et ayez conscience de leur position.

▶ Votre poids doit reposer sur la jambe en appui sur le ballon pendant tout le mouvement.

▶ Maintenez les abdominaux contractés.

▶ C'est un exercice de renforcement de tout le corps. Comme le canif, il sollicite tout, surtout les hanches, et demande beaucoup de proprioception et de force. Il est fort possible que vous ne réussissiez pas à le réaliser d'emblée. Dans ce cas, faites-en un but à atteindre une fois le canif maîtrisé.

▶ Votre objectif est de réaliser cinq à quinze répétitions de chaque côté. Ne forcez pas.

### 3. Orteils-poitrine

Faites la planche, orteils posés sur le ballon et bras tendus comme pour faire des pompes. Ramenez vos orteils et le ballon vers vos bras en gardant les jambes tendues. Vos fesses vont monter et votre corps va former un « V » inversé. Maintenez cette position une à deux secondes et revenez à celle de départ.

▸ Veillez à ce que vos orteils soient bien placés au centre du ballon.

▸ Quand la pointe de votre V est au plus haut, gardez les bras tendus.

▸ Vos jambes doivent également rester tendues pendant tout l'exercice, surtout dans la position haute. Si votre dos se creuse, c'est que vous n'êtes pas prêt pour cet exercice.

▸ Effectuez le mouvement de façon contrôlée et plutôt lente, mais augmentez petit à petit l'amplitude. Plus votre force augmentera, plus vous pourrez transférer de poids sur vos bras et vos épaules.

▸ Comme les deux précédents, cet exercice sollicite tout le corps et vous devrez probablement passer par un apprentissage. Il fait vraiment travailler le gainage et le haut du corps. Il est fort possible que vous ne soyez pas d'emblée capable de le faire. Vous pouvez en faire un objectif, une fois le genoux-poitrine et la bascule maîtrisés.

▸ Votre objectif est de réaliser huit à vingt répétitions. Ne forcez pas.

## RÉALISATION DES EXERCICES ET DE LA SÉRIE POUR LE RENFORCEMENT DU HAUT DU CORPS

Faites cette série deux à trois fois par semaine en respectant l'ordre des exercices. Pour ceux qui ne sont pas prêts à faire les exercices complexes (*), n'allez pas au-delà de l'exercice sept et ajoutez les suivants quand vous pourrez. Au début, reposez-vous autant que nécessaire entre les exercices pour les exécuter correctement. Réduisez la récupération et augmentez la difficulté au fil de votre progression.

Soyez créatif. Certains jours, vous pouvez faire davantage de répétitions en allongeant la récupération ou inversement. Vous pouvez aussi alterner les deux en passant d'un exercice à l'autre. Quand vous manquez de temps, choisissez deux ou trois exercices et faites-les jusqu'à l'épuisement. On peut faire énormément en dix à quinze minutes.

1. Genoux-poitrine
2. Essuie-glace
3. Scorpion
4. Pont isométrique
5. Va-et-vient sur un genou
6. Flexion latérale
7. Bascule
8. Canif
9. Décapsuleur
10. Orteils-poitrine

## ENCHAÎNEMENT DES EXERCICES DE RENFORCEMENT DU BAS ET DU HAUT DU CORPS

Dois-je travailler le bas et le haut du corps le même jour ou pas ? Comment intégrer le renforcement dans mon entraînement de course à pied ? Puis-je aller courir et faire du renforcement dans une même journée ? Voilà quelques-unes des questions les plus fréquentes et je suis sûr que vous vous les posez en ce moment même. Il n'y a pas de réponse toute faite ni de programme idéal, mais je vais vous expliquer une façon de procéder sur une semaine, en sachant que certaines séances de course seront tranquilles et d'autres très intenses.

Le mieux est de faire les séries de renforcement du bas le même jour que les séances intenses et immédiatement après la course. À première vue, ça peut paraître étrange, mais ça permet aux jambes et aux pieds de récupérer lors des jours off. Si vous faites une séance intense et des exercices de renforcement le lendemain, puis à nouveau une séance d'intensité élevée et ainsi de suite, vous n'aurez jamais le temps de récupérer.

Pour le renforcement du haut du corps, il est préférable de s'y mettre les jours de séances tranquilles, avant ou après votre sortie. En suivant cet enchaînement, vous allez alterner les séances de renforcement du haut et du bas. Une fois par semaine, vous pouvez regrouper les deux (mais ça doit coïncider avec une sortie tranquille).

Voici un exemple de programmation hebdomadaire. Il est conçu pour s'intégrer au plan d'entraînement que vous trouverez plus loin. Une fois de plus, je programme des séries entières, mais quand vous manquez de temps, choisissez seulement quelques exercices. On a parfois plus de temps en semaine que le week-end ou inversement. Ajustez l'ordre des séances en fonction de votre emploi du temps.

Jour 1 : une à trois séries de renforcement du haut
Jour 2 : une série de renforcement du bas
Jour 3 : une à trois séries de renforcement du haut
Jour 4 : une série de renforcement du bas
Jour 5 : pas de renforcement
Jour 6 : une série du haut combinée à une série du bas
Jour 7 : pas de renforcement

Il ne s'agit pas d'une formule immuable. Déclinez comme bon vous semble et, surtout, amusez-vous.

## Chapitre IV

# PERFORMANCE RUNNING

Ce matin, nous avons rendez-vous au lycée de Jackson, plus précisément sur le stade d'athlétisme et de football américain. Allez les Broncos [10] ! Je vois que vous étirez discrètement vos épaules, que vos pas sont parfois hésitants. Après un travail de renforcement, il est normal que des muscles dont vous ignoriez totalement l'existence soient un peu sensibles. Souvenez-vous : ça progresse là où vous en avez besoin.

Vous vous demandez sûrement à quoi servent ces chicanes à l'entrée du stade. C'est pour empêcher les grands animaux sauvages si nombreux ici d'aller sur la pelouse. Le gazon toujours vert est un véritable rêve pour un élan, même s'il est synthétique. Pour nous, c'est le lieu idéal pour travailler votre technique pieds nus.

Si je parle de « performance running », ce n'est pas pour faire joli mais parce que la gestuelle conditionne la performance. Il n'y a pas de performances sans une bonne gestuelle. Certains coureurs sont persuadés de ne pas avoir besoin de travailler leur technique et chacun a une bonne raison : « Je ne suis pas mauvais

10. Bronco : cheval indompté, « les Broncos de Denver » sont une équipe de football américain (NDE).

au point de devoir tout réapprendre. Personne n'a de leçons à me donner sur ma façon de courir. Je cours très bien comme ça depuis des années. Je fais comme je peux… Je comprends très bien, mais pourquoi ne pas essayer ? C'est tellement bénéfique de réinventer sa technique. Raison de plus si vous avez des douleurs, ou même des blessures, qui viennent probablement d'une mauvaise gestuelle.

Notre corps est fait pour bouger d'une certaine façon, commune à tous. C'est la raison pour laquelle je suis convaincu qu'une façon de courir est meilleure que toutes les autres. Je reconnais que certains ont plus de dispositions innées que d'autres (exactement comme dans d'autres sports) mais, avec les bonnes consignes, vous pourrez exprimer tout votre potentiel et courir plus efficacement.

Pensez aux sprinteurs. Ils passent des années à fignoler leur technique et leur gestuelle, à peaufiner le moindre détail pour grignoter les centièmes. Regardez le 100 mètres des Jeux olympiques ou de n'importe quelle autre compétition et vous verrez que tous les coureurs ont des attitudes comparables de la sortie des starting-blocks jusqu'au dernier coup de reins, en passant par la phase d'accélération. Ils ont tous la même gestuelle parce que tout le monde sait dans le milieu du sprint quelle est la meilleure façon de faire. Or sprinter, c'est courir.

Maintenant, allez voir un marathon. Ignorez l'élite, à l'avant du peloton, et regardez tous les autres. Chacun a son propre style. Ça n'existe dans aucun autre sport. Tennis, golf, natation… Dans toutes ces activités, la technique est au cœur de l'apprentissage. Pourquoi ? Parce qu'une bonne technique améliore les performances.

C'est la même chose en course à pied et des recherches biomécaniques ont démontré l'efficacité d'une bonne pose de pied, d'une bonne utilisation des bras et du reste. Au-delà des performances, une bonne technique est importante parce que c'est un moyen de respecter l'équilibre naturel de votre corps et de tirer parti du renforcement. Autre avantage, en particulier pour ceux qui souffrent de tensions, de douleurs ou de blessures : une bonne technique permet de courir avec aisance. Je sais… Tout ça a l'air trop beau.

Maintenant, une bonne nouvelle : la technique est facile à apprendre. Le cycle de la course comporte cinq phases : pose de pied, extension de la jambe, montée du genou, impulsion et oscillation des bras. Quand vous les aurez apprises, vous saurez tout ce vous devez savoir.

Mauvaise nouvelle : il est très difficile de garder durablement une bonne gestuelle. La maîtrise ne dépend pas seulement de la connaissance, mais d'un effort constant de proprioception et d'entraînement.

En premier lieu, vous devez avoir conscience de chacune des cinq phases de la foulée. Vous allez probablement être crispé. Ça n'a rien d'étonnant. Avec le temps et une attention constante (j'y travaille encore à chaque sortie), vous finirez par surveiller votre technique de façon inconsciente. Vous y serez toujours attentif, mais sur le plan sensoriel. Vous sentirez quand votre gestuelle est bonne ou mauvaise. J'entraîne des triathlètes en natation et tous les nageurs expérimentés que je croise à la piscine disent la même chose : ils peuvent sentir quand leurs mouvements de bras ne sont pas bons et les ajuster en conséquence. C'est la même chose en course à pied.

Cette sensation, c'est la mémoire musculaire. Votre corps sait si bien faire la différence entre ce qui est bon et ce qui est mauvais qu'il peut se passer de l'esprit. Avez-vous besoin de réfléchir pour marcher, pour faire du vélo ou pour écrire ? Bien sûr que non. Réfléchissez maintenant à la coordination que demandent ces activités. C'est ça, la mémoire musculaire. Ce qui est formidable, c'est qu'avec de l'attention et de la pratique, on peut reprogrammer ses muscles et reformater cette mémoire comme on l'entend.

L'apprentissage de la technique n'est pas un objectif en soi. Le but ultime, c'est d'acquérir cette mémoire musculaire, or on n'en finit jamais. La maîtrise parfaite n'existe pas. Une fois qu'on a trouvé la bonne gestuelle, il faut l'entretenir. Mais commençons par le commencement. Vous allez tout de suite sentir une amélioration de l'efficacité de votre foulée, puis progresser, progresser, progresser. Selon moi, la gestuelle est l'affaire de toute une vie.

Puisque nous sommes censés travailler la technique sur piste aujourd'hui, vous vous demandez sûrement pourquoi j'ai pris le plan incliné et une paire de bâtons de ski. Vous pensez probablement qu'on en a fini avec le renforcement. Vous allez comprendre dans une minute pourquoi j'ai apporté tout ça. Retirez chaussures et chaussettes et prenez appui, du pied gauche, sur le plan incliné. Nous allons commencer par quelques exercices de stabilité. La force et la technique sont indissociables. L'une ne va pas sans l'autre et c'est aussi important que le socle foncier, le prochain point que nous allons aborder. Le plan incliné va non seulement vous permettre de maintenir une bonne gestuelle, mais aussi vous aider à acquérir cette précieuse mémoire musculaire.

Sachez que chacun de nous, quels que soient son âge ou son expérience, peut progresser en modifiant ou en ajustant sa technique. Après coup, la course vous semblera plus facile. Tous les coureurs peuvent en tirer parti, mais ça ne se démontre malheureusement pas en laboratoire.

Maintenant que vous êtes chaud, allons sur la pelouse. Je veux observer attentivement votre technique et voir ce que vous pouvez améliorer. Vous devrez bientôt le faire vous-même. C'est votre conscience de la façon dont vous courez et de la façon dont vous devriez courir qui fera la différence.

## ERREURS TECHNIQUES LES PLUS COMMUNES

Allez-y tranquillement sur la pelouse, en suivant le bord intérieur de la piste. Focalisez-vous sur vos sensations. Ayez conscience de vos mouvements, à commencer par la pose de pied sur le gazon. Soyez attentif à la longueur de votre foulée, à la position du haut de votre corps, à la façon dont vous montez les genoux, à la poussée de vos pieds. Maintenant, laissez-vous aller et demandez-vous si votre gestuelle est naturelle ou non.

Venez me rejoindre et asseyez-vous parce que vos jambes vont être mises à rude épreuve aujourd'hui. Inutile de vous expliquer précisément ce qui cloche. Je veux juste que vous vous demandiez si votre foulée est naturelle ou pas. Si oui, sachez que ça ne veut pas forcément dire que vous avez une bonne technique. En fait, quand vous allez la modifier, elle vous paraîtra sans doute assez peu naturelle au début. Vous devrez aller à l'encontre d'une mémoire musculaire dont les défauts font partie intégrante.

Il y en a de toutes sortes. Voyez si vous retrouvez les vôtres (et les problèmes qui vont avec) dans la liste ci-dessous. Observez aussi les autres coureurs pour essayer de déceler les bons et les mauvais aspects de leur technique. Ça aide à se faire une idée plus précise de la sienne.

► Attaque talon : le talon touche le sol en premier, ce qui génère une instabilité et sollicite beaucoup les quadriceps. La cadence est lente, les facultés athlétiques du pied ne sont pas exploitables et les mollets ne propulsent pas comme ils devraient. Tout ça provoque des problèmes de tenseur du fascia lata, des tensions au niveau des fléchisseurs de la hanche, et affaiblit le moyen fessier.

► Foulée trop longue : la jambe d'appui va se poser trop loin en avant. Ce problème est souvent lié à l'attaque talon, mais on peut aussi avoir une foulée trop longue en courant sur l'avant ou le milieu du pied. Il vient alors se poser en avant du genou, ce qui contraint à pointer les orteils vers le haut ou vers l'extérieur. Les coureurs ayant ce défaut ont aussi une cadence lente et une instabilité genou-hanche-fessier.

► Flexion excessive : les genoux restent trop fléchis dans toutes les phases de la foulée (un défaut très commun chez ceux qui courent pieds nus ou qui font peu de vitesse). Sans extension complète de la jambe, on en demande trop aux quadriceps, ce qui les rend prédominants, et on ne sollicite pas assez les fessiers ni les mollets. La flexion excessive donne souvent des douleurs au niveau des genoux, des tenseurs du fascia lata et de très fortes tensions des fléchisseurs de la hanche.

► Couronnement : plutôt que par le haut, les jambes reviennent par le côté et décrivent de petits arcs de cercle à chaque foulée, sans montée du genou, ce qui provoque les mêmes problèmes que la flexion excessive et l'attaque talon.

► Inclinaison : le buste est penché en avant par flexion des hanches, ce qui contraint le genou à rester fléchi pendant toute la foulée, limite l'action de la ceinture abdominale et des fessiers, et sape les bases structurelles.

► Foulée bondissante : la ligne des épaules monte et descend alors qu'elle devrait rester horizontale, ce qui donne une montée du genou disproportionnée et/ou une impulsion trop importante par rapport à la vitesse (le déplacement de bas en haut absorbe une part de l'énergie qui devrait être utilisée pour aller vers l'avant). En deux mots, c'est inefficace.

▸ Talon-fesse : la jambe part trop haut et trop loin en arrière ou produit une poussée excessive (comme si le pied griffait le sol), ce qui limite la montée du genou et peut provoquer une inclinaison excessive.

D'où viennent tous ces défauts ? Nous sommes différents les uns des autres. Globalement, notre façon de courir est le fruit de notre expérience. Les chaussures avec des talons épais jouent évidemment un rôle important, mais nous y reviendrons. Je connais toutefois de nombreux adeptes du *barefoot* qui ont une mauvaise gestuelle. Courir pieds nus ne produit rien de miraculeux. Votre gestuelle dépend de vos qualités athlétiques et de votre passé. Il est possible que vous ayez développé certains muscles plus que d'autres et c'est ce qui fait votre style.

Inutile de chercher la cause des défauts. Essayez plutôt de les comprendre et de les corriger patiemment pour arriver à une bonne gestuelle. Je sais à quel point c'est difficile, croyez-moi ! Quand je suis arrivé à Denver et que j'ai commencé à y faire des séances longues, je ne me posais pas de questions sur ma technique. Puis, un jour, à mon retour en ville, je suis passé devant une vitrine et j'ai eu du mal à croire au reflet qu'elle me renvoyait. Ce coureur-là était affreux. Il n'y avait aucune fluidité dans ses mouvements, il martelait le sol de ses talons. Je me suis dit : « C'est moi, ça ? » Je croyais avoir gardé la même allure qu'à ma grande époque, quand je filais avec aisance et fluidité sur le terrain de football américain ou sur la piste d'athlétisme, lors des relais 4x100 mètres.

De retour à la maison, j'ai visionné quelques-uns de mes matches enregistrés sur cassette. Je n'étais pas fou : quand j'avais le ballon et que je me mettais à sprinter, la fluidité était bien là. En revanche, chaque fois que je venais me replacer, je redevenais ce coureur lourdaud. Je me suis donc mis à étudier ma technique de sprint et à la transposer à vitesse réduite. L'attaque talon a disparu, mes genoux montaient plus haut et mes jambes étaient plus tendues. Jour après jour, mois après mois, j'ai travaillé, je me suis entraîné, j'ai peaufiné cette technique et j'ai acquis la mémoire musculaire nécessaire pour retrouver un style de course athlétique et performant.

Avant que nous abordions les différents aspects d'une bonne technique, je voudrais que vous alliez courir avec vos chaussures habituelles et que quelqu'un vous prenne en photo de profil. Les images fixes sont mieux que la vidéo parce que vous verrez précisément la position de vos pieds, de vos jambes, de vos hanches, de votre buste et de votre tête dans les différentes phases de la foulée. Comparez-les ensuite à celles que vous trouverez un peu plus loin dans ce livre. (Plus tard, vous pourrez aussi comparer vos premières prises de vues avec celles que vous aurez faites après le programme de remodelage de la technique. Elles vous permettront de voir les modifications qui s'opèrent au fil de l'apprentissage.)

Je viens de faire l'inventaire des défauts habituels, mais ne croyez pas qu'il existe un remède spécifique pour chacun d'entre eux. À mon sens, considérer que chaque défaut a sa solution, c'est se compliquer la tâche. Beaucoup d'entre nous s'imaginent qu'ils sont des cas à part avec des blessures spécifiques. Après avoir entraîné plus d'un millier de coureurs, je peux vous assurer que la plupart ont les mêmes problèmes, quelle qu'en soit la cause (chaussures ou autres), et qu'ils proviennent d'un déséquilibre musculaire et d'une mauvaise technique. La même solution marche donc avec la plupart des problèmes. Elle est faite de renforcement et de travail technique.

Je trouve ça assez rassurant. Nous sommes tous réellement dans le même bateau. En suivant le même programme, nous pouvons tous nous améliorer.

## LA BONNE TECHNIQUE DE COURSE

Je vais vous avouer quelque chose : si je vous ai amené ici, ce n'est pas seulement pour le gazon, mais aussi pour vous montrer concrètement ce qu'est la maîtrise athlétique et technique. Pas la mienne, mais celle des écoliers, qui arrivent pour leur cours de gym.

Oui, des enfants. Regardez-les courir. Soyez très attentif à leurs gestes quand ils sprintent sur la piste parce qu'ils illustrent parfaitement ce que j'essaie de vous enseigner. Voyez comme la course les amuse. Entre les sprints, ils passent leur temps à trépigner, à sautiller, à rire… Ils y prennent vraiment plaisir. Regardez-les sauter de joie. Ma cadette est comme ça aussi. Depuis ses deux ans, elle passe son temps à courir et à bondir. Ce sont des qualités athlétiques pures. Et – devinez quoi – ça revient au même. Courir, c'est bondir et il faut faire les deux de la même façon. Quand vous sautez, vos pieds exercent une poussée dans la direction opposée. C'est la même chose pour la course, à la seule différence qu'on pousse vers l'avant plutôt que vers le haut. Dans les deux cas, les deux pieds sont simultanément en l'air. Levez-vous. Je vais vous expliquer tout ça plus en détail. Maintenant, sautez sur place. Encore ! Essayez d'aller plus haut ! Une fois de plus, le plus haut possible, et soyez attentif à ce que fait votre corps. OK. Quel est le bilan ? L'impulsion passe-t-elle par les talons ? Non. Est-ce qu'on atterrit sur les talons ? Non. Les pieds se posent-ils à l'aplomb des genoux ? Oui. Est-ce que vous fléchissez les jambes pour prendre plus d'élan ? Oui. Les genoux sont-ils pointés en avant de votre corps ou en dessous ? En avant. Très bien. Ces réponses sont le point de départ pour comprendre l'optimisation technique. Passons maintenant aux cinq phases de la foulée. Concentrez-vous tour à tour sur chacune d'entre elles. Avec ces cinq phases, vous saurez tout ce que vous devez savoir sur la technique. Maintenant, mettez-vous à courir sur la pelouse en veillant à poser d'abord l'avant du pied.

## 1. POSE DE PIED SUR L'AVANT

Pour la technique comme pour le renforcement, tout commence par le pied, plus précisément l'avant du pied.

Le poser de cette façon est la première condition de la stabilité. Les orteils, surtout le gros, viennent se poser au sol, puis la voûte se contracte, créant une base solide qui permet de placer le genou et la hanche dans l'alignement. Avec l'attaque sur l'avant du pied, la cheville, qui ne peut pas aller plus loin que le genou, joue le rôle d'amortisseur pendant que le talon descend.

Poser d'abord l'avant du pied aide aussi à ne pas faire des foulées trop longues (mais ce n'est pas une garantie) et à augmenter la cadence. Travailler pieds nus permet de sentir vraiment tout ça.

### Technique et proprioception

▸ Posez d'abord l'avant du pied.

▸ Gardez la cheville à l'aplomb du genou. Ne la laissez pas aller plus loin devant.

▸ Quelle que soit la vitesse, la position du pied par rapport au reste du corps ne doit pas changer.

▸ Vos épaules doivent être à l'aplomb de votre bassin. Ne vous penchez pas en avant.

### Exercices

Ces exercices, comme ceux des quatre étapes suivantes, sont essentiels pour comprendre la bonne gestuelle et pour ressentir ce qu'elle apporte. Ils permettent aussi de l'entretenir en développant la mémoire musculaire.

Quand vous aurez progressé, vous pourrez les utiliser à l'échauffement ou pendant vos séances pour retrouver de bonnes sensations.

▸ Avec plan incliné et disque de stabilité : ces exercices vont vous permettre d'acquérir la force nécessaire pour courir longtemps sur l'avant du pied.

▸ Sauts sur place pieds nus : cet exercice permet de comprendre et de sentir l'intérêt de la prise d'appui sur l'avant du pied. Celui-ci doit se poser en premier, puis le talon se pose à son tour. Plus on court vite, plus les pieds se renforcent et plus le talon peut rester relevé, mais au début du travail technique et quand vous courez lentement, il faut le laisser se poser après l'avant du pied.

▶ Course sur place pieds nus : difficile de mal faire quand on court sur place. Vous vous en sortirez très bien sans instructions ni coaching et mieux encore si vous le faites vite. Vous poserez naturellement l'avant du pied en premier, vous monterez les genoux devant vous et pousserez correctement au sol. La seule chose qui change quand on court pour de vrai, c'est l'inclinaison du pied pour que la poussée s'exerce vers l'avant et pas vers le haut. C'est aussi un excellent exercice pour comprendre comment fournir l'impulsion et monter les genoux devant soi.

## 2. EXTENSION DE LA JAMBE

Bien que le passage de la pose de pied à la montée du genou ne prenne qu'une fraction de seconde, il est essentiel de le faire correctement. Notez l'alignement entre ma jambe d'appui (la gauche sur la photo) et tout le reste de mon corps qui est bien droit, sans inclinaison vers l'avant. Ça permet de ne pas surcharger la cheville et le mollet, et d'enchaîner rapidement avec la montée du genou. Dans cette position, l'action musculaire commence avec la pose de l'avant du pied et se poursuit avec le mollet. Le genou et surtout le moyen fessier jouent leur rôle stabilisateur et tout le corps est aligné au-dessus de l'appui, ce qui garantit l'équilibre musculaire et l'efficacité.

### Technique et proprioception

▸ Après avoir posé l'avant du pied, laissez le talon toucher le sol à son tour.

▸ Sentez la stabilisation du pied, du genou, de la hanche et des fessiers.

▸ La jambe d'appui reste pratiquement à l'aplomb du buste.

▸ Le buste reste droit, sans inclinaison ni flexion au niveau du bassin.

### Exercices

▸ Avec plan incliné et disque de stabilité : ces exercices vont tout solliciter, de l'avant du pied au moyen fessier, qui doit se contracter quand la jambe d'appui se trouve dans la bonne position pour stabiliser le bas du corps.

▸ Foulées pieds nus : en vous entraînant pieds nus, vous sentirez bien le talon descendre après la pose de l'avant du pied. Faites cinq à dix foulées à la fois sur une pelouse naturelle ou synthétique pour sentir le talon descendre après la pose de l'avant du pied.

▸ Marcher : oui, marcher. Vous pouvez le faire sur place ou sur une cinquantaine de mètres, ce qui vous permettra également de sentir que votre corps doit rester bien au-dessus de la jambe d'appui. Faites-le souvent pour acquérir une mémoire musculaire juste.

## 3. MONTÉE DU GENOU

Dans les deux premières phases – pose de pied et extension de la jambe – vous vous êtes focalisé sur l'action et le placement de la seule jambe d'appui, mais il faut être conscient de ce que font les deux. Quand la jambe d'appui exerce sa poussée, la jambe libre (la droite sur la photo) remonte. Cette phase garantit la stabilité de tout le corps au moment de l'impulsion vers l'avant.

Deux actions primordiales entrent alors en jeu. Un : votre jambe d'appui assure la stabilité et oriente la poussée en fonction de la vitesse (plus l'angle est fermé, plus la vitesse est importante). Deux : le mollet de la jambe d'appui se contracte pour amorcer l'impulsion sur l'avant du pied et les orteils. Les explications que je fournis après les exercices sont essentielles pour réaliser cette phase correctement.

### Technique et proprioception

▶ Côté jambe libre, faites monter le genou vers l'avant. Votre cheville doit être relâchée et sous vos ischios. Elle ne doit pas passer devant le genou. C'est lui qui dirige la manœuvre.

▶ Simultanément, côté jambe d'appui, revenez sur l'avant du pied et les orteils en contractant le mollet. Cette jambe exerce alors sa poussée pour vous propulser vers l'avant.

▶ À ce stade, la jambe libre atteint son point le plus haut. Cette hauteur est directement liée à votre vitesse. Plus votre genou monte haut, plus vous allez vite. La cheville reste sous les ischios et en arrière du genou.

▶ Au même moment, la jambe d'appui se trouve pratiquement en extension complète et vous êtes en appui sur les orteils, qui continuent à exercer une poussée au sol (pas vers l'arrière). Votre hanche est ouverte et votre buste n'est pas incliné vers l'avant.

▶ Pendant toute cette phase, le haut de votre corps reste bien droit et relâché, mais abdominaux et fessiers sont actifs.

▶ Soyez attentif au mollet de la jambe d'appui. Il doit être armé et prêt à fournir son effort dans la phase suivante.

**EXERCICES**

▸ Renforcement dynamique avec plan incliné et disque de stabilité : les exercices de montée du genou et de squat avec rotation sont essentiels pour acquérir la force et la mémoire musculaire nécessaires à l'exécution de cette phase de la foulée. Un pied et un mollet forts sont indispensables pour rebasculer sur l'avant et donner l'impulsion. Tous les exercices de renforcement du pied sont utiles.

▸ Course sur place pieds nus (à nouveau) : voyez comme la montée du genou a lieu en même temps que la poussée de la jambe d'appui.

▸ Haies : franchissez rapidement des obstacles de 20 à 30 centimètres espacés d'un pied[11], ce qui va vous obliger à monter le genou très haut et à pousser sur la jambe d'appui.

▸ Marche (à nouveau) : montez les genoux comme un bon petit soldat et gardez la jambe d'appui tendue pour assurer la stabilité. Grandissez-vous sur les pointes. Ne restez pas pieds à plat. Faites entrer ça dans votre mémoire musculaire.

▸ Foulées bondissantes : vous allez devoir monter les genoux, ce qui vous fera comprendre la corrélation entre leur hauteur et l'intensité de la poussée de la jambe d'appui.

▸ Accélérations en côte : courez en côte avec les mains sur la nuque. Ça vous fera monter les genoux et sentir la contraction abdos-fessiers.

---

11. Un peu plus de trente centimètres (NDE).

## 4. IMPULSION

À ce stade, vous êtes en suspension, les deux pieds décollés du sol et en mouvement vers l'avant. Comme pour le saut, vos muscles restituent l'énergie emmagasinée lors de la phase précédente. Cette énergie, transformée en vitesse, dépend de la distance entre le genou de la jambe libre et le pied d'appui (plus le genou monte haut, plus l'extension de la jambe d'appui est importante, plus la puissance et la vitesse augmentent). C'est important de le souligner, parce que, dans cette phase, vous entamez aussi un autre cycle avec la jambe libre qui vient se préparer à la prise d'appui sur l'avant du pied.

Ce n'est pas en allant chercher plus loin devant avec la jambe libre pour allonger la foulée qu'on accélère.

La pose de pied doit toujours s'effectuer dans l'alignement, quelle que soit la vitesse.

### Technique et proprioception

▶ Les orteils du pied d'appui ne fournissent qu'une poussée modérée. L'impulsion s'effectue sans mouvement de la cheville, par contraction du mollet. Ne déroulez pas la cheville pour arriver pointe de pied tendue.

▶ La jambe libre arrive à son point le plus haut (qui dépend de la vitesse) puis vient se mettre pratiquement à angle droit, le pied restant en arrière du genou et sous les ischios. Ne laissez pas le pied aller plus loin que le genou avant la prise d'appui. Soyez patient. Laissez le sol venir à vous pour prendre appui sur l'avant du pied.

▶ Lorsque le pied touche le sol, la jambe libre devient jambe d'appui et stabilise tout le corps.

▶ Restez grand et bien redressé, avec la hanche en extension complète.

### Exercices

▶ Plan incliné et disque de stabilité : comme dans la phase précédente, les exercices de montée du genou et de squat avec rotation permettront d'acquérir la force et la mémoire musculaire nécessaires à l'exécution de cette phase de la foulée.

▶ Foulées bondissantes : sur terrain plat, augmentez l'amplitude petit à petit pour arriver au maximum, ce qui vous donnera la sensation de décoller et contribuera au renforcement général de vos jambes.

▸ Escaliers/accélérations en côte : montez une volée de marches où une côte à pleine vitesse en montant les genoux. Les impulsions doivent être puissantes sur une jambe tendue. Cet exercice d'exagération est fantastique pour travailler toute la foulée.

## 5. OSCILLATION DES BRAS

L'oscillation des bras d'avant en arrière permet d'ouvrir la poitrine et de garder les épaules hautes, ce qui améliore l'efficacité et la ventilation. Vos bras ne doivent pas couper votre plan médian et les épaules ne doivent pas tourner. Lorsqu'ils sont dans la bonne position, vos bras sont à l'unisson avec vos jambes. Ils contribuent à la fluidité de votre foulée et au relâchement de tout votre corps. Quand vous sprintez ou pour accélérer sur la ligne d'arrivée, vous pouvez les tendre un peu plus pour un maximum de puissance.

- Gardez les bras fléchis à 90 degrés.
- Tirez les coudes en arrière et maintenez-les près du corps.
- Ne les lancez pas trop loin devant vous. Adoptez une cadence naturelle correspondant à celle des jambes.
- Le haut du corps, les bras, les épaules et les mains doivent être relâchés. Un coureur détendu est un coureur rapide.
- Le mouvement des bras doit rester dans le plan avant-arrière. Il ne doit pas couper le plan médian.
- Imaginez que vous courez avec un haltère dans chaque main. Laissez votre corps adopter intuitivement la position la plus économique. Vos coudes devraient rester fléchis et vos bras près du corps pour limiter autant que possible l'effort musculaire.

Voilà pour les cinq phases d'une bonne gestuelle. Laissez-les s'inscrire dans votre mémoire pendant que vous lacez vos chaussures. Nous allons quitter la ville et prendre la Highway 22 pour aller courir le long de la Snake River. Le chemin est assez rocailleux, mais c'est le terrain le plus plat qu'on puisse trouver à Jackson.

# AIDES TECHNIQUES

## VISUALISATIONS

La représentation mentale est un moyen très efficace d'améliorer sa technique. Cette méthode peut être utilisée sous forme d'exercices pendant l'échauffement, mais aussi pendant n'importe quelle séance pour travailler la proprioception active. Utilisez-la quand vous ressentez le besoin de renforcer votre technique et pour poursuivre le développement de la mémoire musculaire.

▸ Les rondins : pour une bonne montée du genou, imaginez que vous devez enjamber des rondins espacés régulièrement. Plus la vitesse est élevée, plus les rondins doivent être gros, mais gardez-moi ce pied sous la cuisse !

▸ Le cow-boy au lasso : pour conserver une bonne posture du haut, imaginez qu'un cow-boy du Wyoming vous a attrapé au lasso par la taille et que vous le tirez derrière vous.

▸ Le tir à l'arc : dans cette phase de la foulée, il est important d'être conscient de ce que font les deux jambes. Quand vous poussez sur la jambe d'appui, il faut penser à lancer le genou de la jambe libre en avant, ce qui évoque le tir à l'arc. Le bras fléchi qui tire sur la corde, c'est votre jambe libre. Le bras tendu qui tient l'arc, c'est votre jambe d'appui. Ensemble, elles fournissent la puissance et la stabilité nécessaires pour vous propulser vers l'avant. Examinez à nouveau la photo et vous verrez. Pensez au tir à l'arc quand vous courez.

## CADENCE

Pour exécuter correctement les cinq phases de la foulée, il est primordial d'adopter la bonne cadence. Quelle que soit votre taille, vos pieds doivent toucher le sol 22 à 23 fois chacun toutes les 15 secondes.

En général, les coureurs se focalisent trop sur leur jambe d'appui quand ils veulent augmenter leur cadence. En voulant aller vite, ils frappent violemment le sol, mais c'est le contraire qu'il faut faire. Pour augmenter la cadence, il faut être rapide avec la jambe libre. Pensez à Bruce Lee et à son coup de poing pratiquement sans élan qui envoyait valdinguer n'importe qui. Il disait avoir acquis cette faculté non pas en cherchant à frapper fort, mais à ramener le poing très vite (exactement comme le ramené du genou, qui doit se faire avec la jambe d'appui pratiquement tendue. Pensez au tir à l'arc.)

N'essayez pas de travailler la cadence en même temps que les différentes phases de la foulée. Mieux vaut ne pas se disperser et se concentrer seulement sur la cadence toutes les cinq à dix minutes lors de sorties à faible allure. Comptez vos foulées et ajustez-les suivant le résultat.

Avec le temps et l'habitude, vous trouverez la bonne cadence sans avoir besoin de compter.

## LES BONNES ET LES MAUVAISES CHAUSSURES

Regardez cette eau claire et froide qui descend des montagnes. La Snake River a un joli débit en cette saison. En aval, il y a des rapides de niveau III. Pendant votre séjour, il faut absolument que vous alliez faire un peu d'eaux vives. C'est très excitant de pagayer sur une rivière démontée.

Maintenant, je voudrais vous parler des chaussures, parce qu'elles sont à l'origine, voire directement responsables, de beaucoup de problèmes auxquels j'ai été confronté en tant que coureur. Jusqu'ici, je ne vous ai pas parlé des vôtres, mais je vais devoir être franc. C'est peut-être une vieille paire. Elles ont l'air bien usées. Peut-être vous êtes-vous acheté depuis une paire de minimalistes que vous aviez peur d'abîmer sur les sentiers du coin. Quoi qu'il en soit, il est temps de vous faire à l'idée que cet énorme amorti au talon et tous ces « contrôles de pronation » vous font beaucoup plus de mal que de bien, malgré tous les arguments publicitaires.

Comme je vous l'ai déjà dit, je ne suis pas un puriste du barefoot, convaincu qu'on devrait courir pieds nus 24 heures sur 24. C'est très utile, notamment pour le renforcement et le travail technique que nous venons de faire. Courir pieds nus est un bon moyen de sentir comment les orteils, la plante, la voûte et le talon sont censés fonctionner. Et aussi d'améliorer l'endurance.

Mais, en tant que coach, je suis là pour aider les coureurs à donner le meilleur d'eux-mêmes, or il est très difficile de s'entraîner et de réaliser des performances sans un minimum de protection. Les Tarahumaras eux-mêmes savent qu'ils ne peuvent pas s'en passer quand ils doivent faire de longues distances en terrain difficile. Mais, pour être protégé, pas besoin de porter ces chaussures aux semelles énormes et aux talons démesurés, censés amortir les chocs et corriger nos défauts, qu'on voit aux pieds de millions de coureurs. Elles sont problématiques pour un tas de raisons. Elles inhibent le mouvement naturel du pied. Elles l'empêchent de jouer son rôle stabilisateur. Elles réduisent l'implication musculaire. Elles pèsent lourd et, par-dessus tout, elles surélèvent le talon, ce qui est un désastre.

Puisque vous êtes là, sur ce sentier, avec vos chaussures à gros talons, essayez un peu de courir sur l'avant du pied. Pas facile, n'est-ce pas ? Vous êtes obligé de forcer et, même en forçant, vos mollets ne sont pas complètement en tension parce que votre talon touche trop vite le sol. Résultat : vous n'avez ni la stabilité ni l'action musculaire nécessaires au niveau du pied, du genou et du fessier. Ce n'est pas tout. Quand vous attaquez du talon, les mollets ne se contractent pas comme ils le devraient, ce qui entraîne une perte de puissance et d'élasticité ainsi qu'une sursollicitation des quadriceps.

Arrêtez-vous. Avec le plus parlant des exemples, je voudrais vous montrer pourquoi courir avec le talon surélevé est un vrai problème. Sautez sur place. Vous vous souvenez de votre élasticité quand vous le faisiez pieds nus sur la piste d'athlétisme ? Ce n'est plus la même chose avec ces talons hauts. Nos mollets fonctionnent comme des ressorts qui emmagasinent l'énergie et la restituent quand on saute ou quand on court. C'est leur mise en tension qui permet la restitution de l'énergie et c'est ce qui nous donne cette sensation élastique. Ce n'est pas possible avec un talon épais parce qu'il touche le sol avant que le mollet soit en tension complète. C'est un vrai dissipateur d'énergie. De ce fait, le genou peut aller vers l'avant, ce qui rend le quadriceps dominant sans solliciter le fessier. J'espère que vous comprenez maintenant pourquoi il faut renoncer aux chaussures à gros talon. Sans elles, la gestuelle est meilleure, on a plus de puissance et moins de blessures.

J'ai compris le rôle des chaussures dans la gestuelle il y a bien longtemps, mais je n'en suis jamais aussi convaincu que lorsque j'observe ma fille. Pendant ses quatre premières années, je ne lui ai rien trouvé d'autre que des chaussures plates, avec un *drop* [12] pratiquement nul, c'est-à-dire avec la même épaisseur de semelle sous le talon et les orteils. Pieds nus ou avec ces chaussures, elle court magnifiquement bien, très naturellement et sur l'avant du pied. Quand elle a eu cinq ans, les chaussures à *drop* nul sont devenues introuvables alors qu'on trouvait des talons épais partout. En fait, les fabricants de chaussures encouragent même à mal courir en garnissant leurs semelles épaisses de diodes de couleurs vives qui s'allument seulement quand on attaque du talon. Quand ma fille s'est mise à courir avec ces chaussures, elle est devenue une « talonneuse ». C'est dramatique !

---

12. Amorti (NDE).

La chaussure parfaite existe-t-elle ? Je ne suis pas sûr, mais je sais qu'il en existe de mauvaises, et ce que les fabricants appellent paradoxalement des chaussures traditionnelles (c'est-à-dire avec un tas de stabilisateurs, une semelle épaisse et une différence de 12 à 15 millimètres entre le talon et la pointe) sont définitivement les plus mauvaises. Elles peuvent sembler confortables dans la boutique, mais voyez ce qui se passe quand vous courez… Quand vos pieds seront devenus super forts, vous vous demanderez comment vous avez pu les utiliser.

On trouve aussi ce que j'appelle les « chaussures performance » : *drop* zéro, semelle fine et souple. Ces modèles favorisent la prise d'appui sur l'avant, une bonne gestuelle et une bonne proprioception, la stabilité du pied et des orteils, ainsi que la mise en tension du mollet qui peut ainsi se comporter comme un ressort. Qui plus est, courir avec ce genre de chaussures renforce l'équilibre musculaire dans son ensemble, parce qu'elles renforcent les pieds et permettent d'exploiter au mieux leurs qualités.

Prenez à nouveau l'exemple des Tarahumaras. Ils courent avec des morceaux de pneus découpés suivant la forme de leur pied retenus seulement par des lanières de cuir passées entre les orteils et nouées autour de la cheville. Dans ma vie, j'ai couru avec toutes sortes de chaussures – épaisses, minimalistes, sans *drop*, près du sol, hyper-amortissantes, avec ou sans contrôle de pronation… Or, je ne me suis jamais senti plus fort, plus stable, plus harmonieux et moins blessé qu'avec les « chaussures performance » dont je viens de vous parler. Quand vous ferez la majorité de vos séances avec des chaussures sans *drop* en parallèle des exercices de renforcement et d'optimisation technique, vous allez sentir une répartition différente du travail musculaire de la hanche et une réduction importante des tensions au niveau du fléchisseur de la hanche.

Si vous en doutez encore, faites juste un test. Courez avec le bon modèle, essayez des « chaussures performance » sans *drop*. Vous verrez qu'il est beaucoup plus facile de garder une bonne gestuelle et de progresser. Mais ne jetez pas votre vieille paire. Il ne faut pas passer du jour au lendemain à des chaussures sans *drop*. Une transition très progressive est nécessaire parce que vous allez solliciter des muscles qui n'en ont pas l'habitude. Utilisez d'abord les chaussures à *drop* zéro pour les séances courtes et gardez les vieilles pour les sorties longues, puis augmentez progressivement la distance avec les premières. À mesure que vos pieds et vos mollets vont se renforcer, vous trouverez les vieilles chaussures de plus en plus inconfortables et vous finirez probablement par vous en passer totalement. Pour faciliter cette transition, suivez le programme que je détaille plus loin.

Vous vous demandez sûrement ce que je cherche au fond de mon sac à dos. J'ai une bonne nouvelle. Comme vous êtes venu vous entraîner avec moi à Jackson, j'ai commandé une paire à votre taille pour que vous preniez dès maintenant de bonnes habitudes. J'aimerais que vous les portiez aujourd'hui pour que nous puissions vraiment travailler la technique.

Voilà… Pas mal, non ? Qu'elles vous plaisent ou non, vous devez savoir une dernière chose : il n'y a pas de chaussure idéale pour toutes les situations. Une chaussure performance avec un *drop* zéro comme celle-ci sera suffisamment protectrice sur route, mais pas pour le trail. Il ne faut pas se mentir : les cailloux, ça fait mal. Courir pieds nus n'est pas toujours possible. C'est la même chose avec les chaussures minimalistes. Si le terrain impose des chaussures plus épaisses, n'hésitez pas à en porter, mais choisissez-les avec un *drop* zéro et trouvez le bon compromis entre minimalisme et protection. Si vous faites la plupart de vos séances en zéro *drop* et restez focalisé sur la gestuelle, vous pouvez sacrifier de temps en temps un peu de souplesse pour obtenir la protection dont vous avez besoin.

OK ! Le moment est venu d'aller travailler votre technique.

## Les Tarahumaras, monstres de technique

Observez les Tarahumaras dans les Copper Canyons. Qu'ils soient en montée, en descente ou même dans un passage à gué, ils ont toujours une bonne gestuelle. C'est la perfection au sens propre. Pourquoi ? Comment ?

Dès leur plus jeune âge, ils courent en *huaraches*, qui favorisent une bonne pose de pied et permettent aux mollets de s'étirer sur toute leur longueur. Ils ne sont jamais perturbés par ces chaussures bourrées de technologies, aux semelles épaisses, au talon surélevé et aux logos criards que portent nos enfants. Quand un sponsor a réussi à les convaincre de porter des chaussures traditionnelles au 100 *miles* de Leadville, ils s'en sont débarrassés à la première occasion pour remettre leurs *huaraches* performance.

Le terrain y est aussi pour quelque chose. Dès leur enfance, ils font de longues ascensions dans les Copper Canyons, ce qui renforce leurs pieds, leurs jambes et leur mémoire musculaire. Ces montées sont en quelque sorte la version naturelle des exercices avec plan incliné, en particulier pour la montée du genou.

Les Tarahumaras ont aussi leur célèbre jeu de balle : le rarajipari. Le sujet sera abordé plus en détail au cours de notre prochaine séance, mais ce jeu impose de nombreuses accélérations, ce qui favorise beaucoup l'appui sur les orteils et l'extension de la hanche comme de la jambe. En plus, ils pratiquent le rarajipari sur des terrains très inégaux, pleins de cailloux et de touffes d'herbe qu'il faut éviter en levant très vite les pieds et les genoux. Ils n'ont pas de belles pelouses bien planes qui permettent de traîner les pieds et de lancer la jambe loin en avant. Ils apprennent la bonne gestuelle dès l'enfance, en passant leur temps à trébucher et à tomber.

## ENTRAÎNEMENT TECHNIQUE

Avant de rebrousser chemin pour aller travailler la technique, revenons à ce que je vous ai montré sur la piste d'athlétisme. Fermez les yeux et imaginez-vous courant avec la bonne gestuelle. Vous devez vraiment vous voir comme si vous étiez posté sur le bord de la rivière pour observer la scène. Visualisez distinctement les cinq phases de la foulée. Imaginez-vous réalisant chacune d'elles à la perfection et avec aisance.

Vous y êtes ? Alors allons-y, faisons-le ensemble : prise d'appui sur l'avant du pied, extension de la jambe, montée du genou, impulsion et on recommence avec les bras bien placés qui oscillent d'avant en arrière. Restez concentré, bien conscient de la façon dont votre corps bouge.

Beau boulot, mais pensez à monter les genoux. Ce n'est pas facile, même si vous savez tout ce vous devez savoir sur la gestuelle. N'oubliez pas qu'il faut être patient. Quand on court depuis longtemps d'une certaine façon, il faut pas mal d'efforts pour en changer et pour que ça devienne naturel.

Je ne serai pas toujours là pour vous dire ce qui est bien et ce qui ne l'est pas, mais ce n'est pas un problème. Vous n'avez pas besoin de moi. Même avec les athlètes que j'entraîne sur place ou à distance, où qu'ils se trouvent, je passe mon temps à répéter ce que je vous ai expliqué sur les cinq phases. Répéter, répéter, répéter… C'est le seul moyen d'y arriver.

Comprendre chacune des phases, se voir les réaliser et le faire réellement encore et encore… Voilà comment on doit s'y prendre. Il faut sentir les choses et les mettre en pratique inlassablement en se répétant : prise d'appui sur l'avant du pied, extension de la jambe, montée du genou, impulsion, oscillation des bras. Ça viendra. Comme pour le renforcement, considérez que l'entraînement technique est un art martial. La progression par étapes et la conscience de ce que vous faites porteront leurs fruits. Comme je vous l'ai déjà conseillé, prenez-vous en photo pour évaluer vos progrès.

La période de transition dépend de nombreux facteurs, tels que votre technique de départ ou la force de vos pieds et de vos jambes. Si vous courez depuis longtemps sur les talons, vous aurez mal aux mollets et la prise d'appui sur l'avant du pied va vous paraître étrange. Comme le renforcement, l'optimisation technique favorise l'équilibre musculaire. Votre corps est fait pour fonctionner sur le modèle que je viens de vous apprendre. Avec le temps, les tensions et la fatigue vont s'estomper. Une bonne gestuelle va vous permettre d'échapper aux blessures habituelles, d'aller plus vite et d'être globalement plus performant. Faites confiance au coach. Ça en vaut vraiment la peine.

Quand vous vous lancerez dans le travail technique au quotidien, commencez par les exercices qui suivent. Ils facilitent et accélèrent la transition. Deuxièmement : pendant et après la transition, faites le programme de renforcement. Troisièmement : si vous ressentez le besoin de renforcer la mécanique, faites les exercices que je recommande pour chacune des cinq phases de la foulée. Ils vous permettront d'acquérir la mémoire musculaire et l'équilibre nécessaires, non seulement pour parvenir à une bonne gestuelle, mais pour la conserver toute votre vie. Tout est fait dans ce programme pour favoriser une foulée naturelle.

## PROGRAMME DE TRANSITION

Le planning et les exercices qui suivent vous aideront dans votre changement de chaussures et le remodelage de votre technique. Mieux vaut entamer cette transition quand vous avez du temps et qu'il n'est pas nécessaire d'accumuler beaucoup de kilomètres. Si vous préparez une course, ce n'est probablement pas le meilleur moment. Commencez plutôt en début de saison, quand le volume kilométrique est moindre. La précédente a été longue. Votre organisme a besoin de récupérer. Arrêtez totalement la course à pied pendant quelques semaines avant de vous lancer dans ce programme.

### 1. PLANNING

L'objectif est d'arriver à quatre séances de 30 minutes par semaine. Commencez par courir cinq à dix minutes pour voir comment votre corps réagit à la nouvelle gestuelle et faites la suite en fonction du résultat. Il s'agit de courir tranquillement avec une fréquence cardiaque faible, en vous concentrant sur la gestuelle et la cadence. Si vous ne pouvez pas respirer uniquement par le nez, c'est que vous allez trop vite. Comme vous allez lentement, profitez-en pour porter vos nouvelles chaussures minimalistes. Quand vous serez à l'aise pendant dix minutes, ajoutez-en cinq par semaine pour arriver à une demi-heure. Ce programme doit prendre quatre à six semaines.

## 2. EXERCICES DE PROPRIOCEPTION

Au cours de votre progression vers les 30 minutes, faites les exercices indiqués pour chacune des cinq phases de la foulée pour bien comprendre comment votre corps doit fonctionner et pour développer votre mémoire musculaire. Travaillez-les quand vous avez le temps (pas au quotidien), soit à l'échauffement, soit pendant la séance elle-même. Pour ceux qui commencent, allez-y très doucement avec ces exercices. À mesure que vous augmentez la distance, vous devez aussi augmenter la dose de sprints et d'accélérations en côte.

Derniers conseils pour votre transition et votre entraînement en général, d'abord aux utilisateurs de tapis de course : je sais bien qu'on n'a parfois pas le choix, à la maison ou à la salle de sport, en particulier pendant les mois d'hiver ou quand il pleut, si on veut respecter son programme. Je le comprends parfaitement et j'aime aussi courir sur tapis, l'hiver, pour travailler la vitesse. Mais sachez que, dans ces conditions particulières, il est très difficile de conserver une bonne gestuelle, en particulier pendant la phase de montée du genou. Il faut être doublement concentré sur cette phase et l'entamer immédiatement après la pose de pied, parce que le tapis va tirer votre jambe d'appui vers l'arrière avant que vous ayez pu donner l'impulsion. En clair, je ne vous dis pas qu'il ne faut pas courir sur tapis. Mais si vous le faites, pensez bien à la montée du genou. Montée du genou, montée du genou, montée du genou… Enjambez-moi ces rondins !

Deuxièmement, je vous ai fait courir en terrain vallonné et, à moins que vous ne viviez dans une zone plate, vous devez continuer à le faire. C'est bon pour la force et ça contribue à une bonne gestuelle, mais beaucoup de coureurs ne savent pas comment s'y prendre en côte. Ils changent de technique, se mettent à attaquer du talon et font toutes sortes de choses étranges. En montée comme en descente, il faut garder la même gestuelle. Ne changez rien d'autre que l'amplitude.

C'est plus facile en montée qu'en descente. Dans une ascension, concentrez-vous sur la montée du genou et ne soyez pas flemmard. Montez-le bien haut et sentez votre jambe d'appui repousser le sol. Quand vos pieds se seront renforcés et auront gagné en efficacité, veillez à ce que le talon ne descende pas trop bas. Maintenez vos mollets en tension tout en gardant une cadence élevée.

En descente, concentrez-vous sur la pose du pied et veillez à ne pas faire de trop grandes foulées. Au début, vous allez devoir ralentir. Courez aussi lentement que nécessaire pour conserver une prise d'appui sur l'avant du pied. Avec le temps, la vitesse va augmenter et la gestuelle s'améliorer. Mon truc, c'est de m'imaginer faisant tourner les pédales de mon vélo. Ça aide à monter le genou, en particulier quand la pente s'accentue. Comme pour le reste, plus vous pratiquerez et mieux ce sera.

## ATTENTION ET GESTUELLE

Vous vous en sortez très bien. Encore quelques mètres. On ne va pas se mettre dans le rouge aujourd'hui. Laissez-vous aller comme l'eau de la Snake River. Imprégnez-vous de la bonne gestuelle : prise d'appui, extension de la jambe, montée du genou, impulsion, oscillation des bras.

Ne fixez pas de limite à la progression. Dès le début du travail technique, les progrès sont immédiats, mais ils se poursuivent indéfiniment. On ne cesse jamais de s'améliorer. Ce n'est pas un bouton On/Off, mais un interrupteur rotatif : plus on le tourne et plus la lumière augmente.

OK ! C'est bon pour aujourd'hui. Vous pouvez marcher. Regardez, sur votre droite ! Là-haut, sur une branche, un aigle à tête blanche. Majestueux, non ? Et de belle taille… Calme et concentré, il nous observe, nous et tout le reste, peut-être à la recherche de sa pitance.

L'attention… Voilà ce que nous rappelle l'aigle. L'attention est la clé de la gestuelle. Il faut sentir son corps, être conscient de ce qu'il fait, de la longueur de ses foulées, de l'endroit où votre pied se pose, de la façon dont vous balancez les bras, de l'extension de votre jambe d'appui, de la stabilité que vous procure le gros orteil, tout ça à chaque séance. Plus vous aurez conscience de votre gestuelle et mieux vous courrez.

Avec la pratique, cette conscience deviendra si naturelle que vous n'aurez même plus besoin d'y penser.

C'est cool, non ? Soyez comme l'aigle, calme et toujours à l'affût.

Chapitre V

# SOCLE FONCIER STRATÉGIQUE

L'endurance ne suffit pas pour bien courir sur de longues distances. Il faut aussi être fort et rapide. Pour le devenir, vous devez suivre un programme adapté.

Je vais vous parler un peu longuement de mon idée de socle foncier stratégique mais, même si vous n'en retenez que les principes – et si vous êtes convaincu de leur bien-fondé – vous aurez une longueur d'avance sur de nombreux coureurs.

C'est le quatrième jour que nous passons ensemble. Nous sommes en début d'après-midi et nous sortons de Jackson via Blacktail Butte. Comment vont vos mollets ? Si vous n'aviez jamais couru sur l'avant du pied, les quelques kilomètres que nous avons faits hier le long de la Snake River ont dû laisser des traces. Cette sensibilité montre à coup sûr que vous êtes sur la bonne voie pour ce qui est de la gestuelle.

Regardez vers le nord-est. La ligne de crête du massif de Gros Ventre ne vous évoque rien ? Toujours rien ? C'est Sheep[13] Mountain, mais les gens du coin l'appellent « l'Indien endormi ». Alors, vous

13. Mouton (NDT).

le voyez maintenant ? Cette pointe, sur la crête, c'est son nez, la pente douce, son front, et la bosse du milieu, ses mains croisées sur sa poitrine. Oui, c'est drôle... À l'entrée du Parc national de Grand Teton, nous passons à côté d'une harde d'élans et d'un troupeau beaucoup plus important de touristes, bardés d'énormes appareils photo (ils passeraient presque pour des télescopes et on ne sait jamais si le propriétaire est un reporter du *National Geographic* ou un quidam de Géorgie).

Nous quittons la route pour prendre la direction de Phelps Lake, sur un chemin de terre. Vous avez de la chance... Jusqu'à une date récente, seuls les membres de la famille Rockfeller et leurs invités étaient autorisés à venir sur ces terres, que le fondateur de la Standard Oil a achetées pour une bouchée de pain après le krach boursier de 1929. Petit à petit, la famille a fini par céder la majeure partie de ces 13 000 hectares à l'État. Cette parcelle a été la dernière. Le Rockfeller Lodge et ses dépendances n'étaient pas très loin d'ici. Il y a pire pour passer ses vacances.

Bon, commençons par un petit footing d'échauffement jusqu'à Phelps Lake, au pied de Death Canyon. Assez d'histoire. Mieux vaut parler de l'avenir, de votre avenir de coureur. Vous avez travaillé le renforcement du pied – et ce n'est pas fini –, l'équilibre musculaire et la gestuelle. Nous allons maintenant mettre tout ça en pratique. Que vous soyez débutant ou chevronné, il vous faut un foncier solide pour atteindre vos objectifs, mais aussi pour rester en bonne santé, ce qui suppose un dispositif, une programmation stratégiquement conçue en fonction de vos capacités actuelles pour développer à la fois votre endurance, votre force et votre vitesse.

J'entraîne des coureurs de tous niveaux sur toutes les distances et dans le monde entier. Beaucoup d'entre eux n'avaient jamais suivi de plan d'entraînement structuré avant de s'adresser à moi. Quand ils se sont mis au mien et en ont approuvé les principes, ils ont trouvé formidable de pouvoir déléguer tout le travail prospectif et de se concentrer sur le quotidien. Ils se sont approprié leur programme et sont devenus accros à la diversité qu'il ajoute à leur entraînement.

Comme eux, vous allez sans doute tirer énormément de satisfaction de chacune de vos séances et vous ressentirez la même satisfaction lorsque vous finirez (ou gagnerez) une course, qu'il s'agisse d'un 5 kilomètres ou d'un ultra, en sachant que c'est à l'entraînement que vous le devez.

Comme pour la force et la technique, nous avons tous beaucoup à gagner d'une base foncière solide. Je dis bien tous et à tous les niveaux : le coureur de haut niveau qui ne parvient plus à progresser, le vétéran prisonnier de la routine, le marathonien qui n'a jamais travaillé ni la force ni la vitesse, le coureur de 10 kilomètres qui manque de jus sur la fin, où le simple pratiquant du dimanche dont les dimanches ne sont plus très amusants. Chris McDougall est le parfait exemple de ce que peut apporter le travail foncier. Après notre pari de Denver qu'il finirait la course des Tarahumaras dans les Copper Canyons, nous avons travaillé sa force et sa technique, mais c'est l'entraînement foncier qui a donné sa cohésion à l'ensemble.

Comme je l'ai déjà dit, Chris était un coureur pratiquement fini quand nous nous sommes rencontrés. Chaque foulée supplémentaire le démolissait un peu plus. Courir lentement lui était pénible à cause de sa mauvaise gestuelle et de son incapacité à brûler des lipides. Il accélérait donc naturellement parce qu'il se sentait mieux, mais il ne pouvait pas non plus maintenir une allure élevée parce qu'il manquait de force, surtout sur le plan neuromusculaire.

Je devais le préparer en très peu de temps à courir 80 kilomètres en terrain difficile, ce qui supposait tout un travail de renforcement et d'apprentissage de l'économie, mais aussi le développement de ses capacités d'endurance. Si je m'étais contenté de lui faire augmenter chaque semaine son kilométrage, il n'aurait jamais pu aller dans les Copper Canyons. Il lui fallait une base foncière pour pouvoir encaisser cette distance.

Pendant huit semaines, je lui ai fait multiplier les sprints et les montées courtes, en mettant l'accent sur la force tout en augmentant progressivement la distance. Au bout de deux mois, il était capable de courir près de dix heures par semaine, dont deux d'une traite pendant sa séance longue. Sur le plan cardiovasculaire, il s'est avéré très bon, ce qui est le cas de la plupart d'entre nous. Le truc, c'était de lui donner la force nécessaire pour supporter tous ces kilomètres. C'est là que la stratégie intervient. Comme il était tout le temps blessé, on pouvait penser que c'était une erreur de lui faire faire des sprints et des côtes. Pourtant, ça a marché (et, avec le recul, je suis convaincu que c'était la seule façon de procéder).

Nous nous sommes ensuite focalisés sur le fractionné et les séances longues à faible allure avec cardiofréquencemètre pour stimuler sa filière lipidique. Chris a gagné en confiance et a compris jusqu'où il pouvait aller dans l'effort. Puis, dans les huit dernières semaines, nous avons mis l'accent sur sa vitesse de base pour lui permettre de courir à la fois plus vite et plus longtemps, d'améliorer le rendement de son moteur, de se sentir plus à l'aise à allure élevée, d'augmenter sa résistance musculaire et sa capacité à encaisser 80 kilomètres de sentiers techniques.

Il a finalement franchi cette ligne d'arrivée dans les Copper Canyons, mais il s'est surtout doté d'un socle foncier à vie, qui lui permet de couvrir toutes les distances, à toutes les allures, et de le faire n'importe quand.

Comme vous l'aurez remarqué en m'écoutant parler de Chris, je suis un dingue du coaching. Je vis pour ça. C'est ma passion, faire progresser les gens, non à petits pas, mais à grandes enjambées. Cela dit, je n'ai pas toujours été aussi lucide. C'est seulement quand j'ai commencé à entraîner des triathlètes l'hiver, dans le Colorado, que j'ai compris l'intérêt de leur proposer autre chose qu'un travail d'endurance fondamentale. À cause du froid et de la neige, je ne pouvais pas leur demander de continuer à faire de gros kilométrages en course à pied ou à vélo. Pendant la phase de préparation générale, je devais concevoir des séances plus qualitatives, plus axées sur la force et la vitesse, réalisables à l'intérieur ou sur de courtes durées à l'extérieur. Or les triathlètes en question ont réalisé de meilleures performances que quand je leur faisais faire des séances longues et de gros volumes kilométriques. Cette expérience m'a fait comprendre que ce n'est pas l'endurance fondamentale qui conditionne la vitesse et la force, mais le contraire. Depuis, je cherche la bonne combinaison entre puissance, vitesse pure et endurance pour bâtir le socle foncier.

Et c'est bien de combinaison qu'il s'agit. Force, vitesse et endurance ne sont pas étrangères les unes aux autres. Elles sont complémentaires et se solidifient en se combinant, un peu comme l'eau, le sable et le ciment donnent du béton.

Je dis « un peu », parce que l'analogie s'arrête là. Je vois déjà toute une cohorte d'entraîneurs, de médecins, de physiologistes de la performance et autres scientifiques s'arracher les cheveux en se demandant ce que j'entends par force, endurance et vitesse. Ils ont raison. C'est vrai que ces mots peuvent avoir beaucoup de significations et de connotations, et le fait est que je ne pourrais pas vous démontrer le bien-fondé de ma méthode sans vous saouler de détails scientifiques.

Heureusement, je suis votre coach, pas votre prof de physiologie. Je suis là pour vous aider à comprendre quel type d'entraînement suivre, pas pour vous préparer à entrer au Conseil de l'Ordre des médecins. Si vous me faites d'ores et déjà confiance, allez directement au programme, comme le font beaucoup de mes athlètes.

Cela dit, je reste convaincu que la connaissance, c'est le pouvoir.

Si jamais vous perdez le fil, souvenez-vous de ceci : l'endurance n'est pas suffisante pour bien courir sur de longues distances. Il faut aussi être fort et rapide.

## COMBINAISON FONDAMENTALE

Après trois kilomètres, nous arrivons à Phelps Lake. Oui, c'est le joyau bleu qu'on aperçoit entre les sapins. On savait vivre, chez Rockfeller. Aujourd'hui, le lac est autant à vous qu'à eux.

Un sentier à peu près plat en fait le tour. Allez-y tranquillement pendant que je vous parle de cette combinaison.

### ENDURANCE

Capacité à couvrir une distance plus ou moins longue sans s'effondrer. C'est une assez bonne définition. Reste que l'effondrement peut avoir de nombreuses causes – techniques, musculaires, cardiovasculaires, digestives… – et c'est là que les choses se compliquent. Notre entraînement va permettre d'éviter cet effondrement.

Focalisons-nous sur ce que je veux dire par développement de l'endurance. Il s'agit évidemment en premier lieu d'une préparation cardiovasculaire. Beaucoup de coureurs qui s'y mettent vers 30 ou 40 ans trouvent les efforts longs très pénibles. Pendant les premières semaines, ils ont le souffle court et leur cœur s'emballe. On peut avoir l'impression que c'est l'obstacle le plus difficile à surmonter. Il faut effectivement le surmonter, mais le cardio s'adapte assez facilement chez la plupart des coureurs. Si vous faites régulièrement quelques kilomètres, vous allez trouver votre souffle, et votre rythme cardiaque va se stabiliser. C'est très rarement un facteur limitant de la performance. Avez-vous déjà entendu parler d'un coureur d'ultra contraint à l'abandon parce qu'il était à bout de souffle ?

L'autre facteur de l'endurance à développer, c'est la capacité à brûler des graisses. Navré, mais je ne parle pas de perte de poids. La graisse est très riche sur le plan énergétique (plus que les glucides à quantité équivalente) et la plupart d'entre nous en avons suffisamment pour courir plusieurs marathons d'affilée, mais l'incapacité à l'utiliser pousse souvent notre organisme à brûler des glucides. C'est un problème parce que nos stocks sont limités. Si votre capacité à brûler des graisses s'améliore, vous courrez plus longtemps et serez plus endurant. Pour l'améliorer, il faut augmenter le nombre de mitochondries (les petites chaudières à graisse qui produisent l'énergie) présentes dans votre organisme.

Suffit-il de prendre un cocktail de vitamines pour augmenter leur nombre et devenir plus endurant ? Ce n'est pas si simple, mais ce n'est pas très compliqué non plus.

À propos, quand je vous ai dit de trottiner tranquillement autour de Phelps Lake, je ne voulais pas dire à allure moyenne. Ralentissez un peu. Trop de gens ne savent pas ce que c'est que courir lentement – ni à quel point c'est nécessaire. Beaucoup trouvent ça inconfortable et s'en passent tout simplement. Oui, inconfortable. On ne se sent pas bien et on ne peut pas le faire longtemps, souvent à cause d'une mauvaise gestuelle ou d'une mauvaise économie de course. Or les mitochondries aiment cette lenteur. Ce sont des conditions parfaites pour qu'elles se multiplient.

Conclusion : si vous vous entraînez plus lentement, vous allez brûler plus de graisse, vous pourrez donc courir plus longtemps, plus vite et en utilisant un carburant plus efficace. Voilà comment améliorer votre endurance. Qui plus est, les séances lentes permettent de travailler la gestuelle, ce qui améliore aussi l'efficacité. Un cercle vertueux, en somme.

## FORCE

Nous avons déjà commencé à développer la force et l'équilibre musculaire. Avec le socle foncier stratégique, notre objectif est de faire en sorte que nos muscles fonctionnent mieux ensemble, plus efficacement, et de les préparer aux exigences de l'endurance, ce qui vous permettra d'être plus solide, de courir plus longtemps et de maintenir une intensité plus élevée.

Pourquoi le coureur d'ultra dont je parlais tout à l'heure finit-il par s'arrêter s'il n'a pas de problèmes cardiovasculaires ? En général, c'est à cause d'un manque de force et d'économie. Ses muscles ne lui permettent pas d'aller plus loin – ou, plus exactement, ils ne lui permettent pas d'aller suffisamment vite pendant le temps imparti pour aller au bout. Blessure, épuisement, manque de progrès… Le problème ne vient pas de la circulation de l'oxygène dans l'organisme, mais plutôt de la faiblesse musculaire et de l'inefficacité.

Mon programme foncier met l'accent sur deux types de force, toutes deux essentielles à votre progression. La première et la plus évidente, c'est la force musculo-squelettique. Nous sommes déjà en bonne voie avec notre travail technique et le renforcement à l'aide du plan incliné, du disque de stabilité et du *fitball*. Comme je l'ai déjà dit, tout va se mettre en place et s'imbriquer. Le fractionné, court et rapide, et les séances de côte (avec peu de récupération) de notre programme, qui va développer vos capacités aérobie et anaérobie, nous permettront d'aller encore plus loin dans cette voie de l'économie et de l'efficacité musculaire.

Ce plan d'entraînement sollicite une autre forme de force, à laquelle vous ne pensez sans doute pas : la force neuromusculaire. On ne s'intéresse ici ni à la qualité ni à la taille des muscles, mais à la façon dont ils sont commandés. Plus précisément, il s'agit d'amener votre système nerveux à mieux faire son travail de recrutement et de stimulation des fibres musculaires. Plus les signaux que votre cerveau envoie vers vos muscles seront nombreux et plus ils seront efficaces. En d'autres termes, il faut apprendre à vos nerfs à activer plus vite les muscles de vos jambes et à solliciter davantage de fibres. De cette façon, vous aurez plus de force et de puissance en montée pendant les courses. Vous passerez les bosses et les cols plus rapidement et avec moins de fatigue.

## VITESSE PURE

Laissez-moi d'abord vous expliquer ce que j'entends par vitesse pure : pour moi, c'est la distance maximale que vous pouvez couvrir en une minute. Un effort court et intense.

Vous vous dites sûrement qu'à première vue, la vitesse n'est pas la priorité du coureur de fond. Ceux qui courent pour le plaisir et les débutants en tiennent rarement compte. Ils veulent seulement aller au bout de leur course, qu'il s'agisse d'un 10 kilomètres, d'un semi ou d'un marathon, sans trop de souffrances, ce que je comprends parfaitement.

Beaucoup pensent par ailleurs que la vitesse est un don inné, que quoi qu'ils fassent, ils ne pourront jamais aller plus vite, ce qui est à la fois vrai et faux. C'est vrai parce que, même avec une technique et une préparation parfaites, il y a effectivement une limite physique que vous ne dépasserez jamais. C'est faux, parce que vous n'avez sans doute pas encore atteint cette limite. En d'autres termes, il reste une marge de progression.

La vitesse pure est le facteur déterminant de la performance. Plus elle est importante, mieux vous réussirez, quelle que soit la distance. Qui plus est, une petite amélioration a de grandes conséquences parce qu'elle est cumulative. Au cours de la phase d'entraînement qui vient, vous allez faire beaucoup de fractionné court et rapide sur le plat, ce qui va mettre votre système anaérobie à l'épreuve. Dans quelque temps, peut-être aurez-vous amélioré votre record du 200 mètres de 3 secondes, ce qui fait en gros 24 secondes de mieux au *mile*.

Pour finir, les efforts brefs et intenses font tout simplement du bien. Ils améliorent votre amplitude et stimulent la production de substances qui agissent comme des lubrifiants. Bref, courir vite, c'est amusant, c'est bon pour votre corps et pour votre santé.

## LA COMBINAISON

Pendant certaines phases de la construction de votre socle, nous allons nous focaliser spécifiquement sur l'un des trois éléments de notre combinaison : l'endurance, la force ou la vitesse. Dans d'autres phases, nous nous intéresserons à l'endurance sous différentes formes – l'endurance musculaire (la durée pendant laquelle vous pouvez maintenir un effort constant) et l'endurance de vitesse (la durée pendant laquelle vous pouvez maintenir une certaine allure). J'espère que ça vous dit quelque chose. Votre organisme est une machine merveilleusement complexe et nous allons essayer de développer chacune de ses facettes pour vous permettre de courir vite et longtemps.

## Le jeu de balle des Tarahumaras

Nous avons déjà beaucoup dit que le mode de vie des Tarahumaras en fait de formidables ultramarathoniens. Le meilleur moyen de s'entraîner reste un mystère pour beaucoup. Pour eux, ça fait partie du quotidien. C'est vrai qu'ils ont une force et une technique extraordinaires, mais, dès l'enfance, leur mode de vie les dote naturellement des qualités de base nécessaires à la vitesse et à l'endurance.

Immédiatement après leurs premiers pas, ils marchent beaucoup, tout le temps, en montée comme en descente. Ils n'ont pas de chevaux, pas de voitures, pas de cars ni de vélos. Quand ils veulent aller quelque part, ils y vont à pied… et ils adorent courir !

Mais, parmi toutes les facettes de leur culture, la plus décisive est certainement le rarajipari. Les enfants y jouent dès qu'ils le peuvent (mais sur des distances moins longues que les adultes). Voilà en quoi il consiste : faites deux équipes de huit à dix joueurs et déterminez la distance à parcourir, qui, pour les enfants, est en général comprise entre cinq et dix kilomètres sur un parcours aller-retour (de façon que tout le village puisse assister à la partie). Il s'agit pour les deux équipes de parcourir cette distance le plus vite possible en poussant une balle en bois avec les pieds. Les joueurs utilisent parfois un petit bâton pour placer la balle sur le dessus de leur pied afin de la lancer très haut, mais la plupart du temps, il s'agit juste de la pousser très vite sur un terrain qui n'est ni plat ni dégagé. Avec ces accélérations courtes et intenses, en montée et en descente, les jeunes Tarahumaras acquièrent une force et une vitesse incroyables tout en s'amusant.

À l'âge adulte, ils passent sans difficulté à la version longue du jeu, qui va de 50 à 100 *miles*. À ce stade, ils n'ont besoin d'aucune autre forme d'entraînement pour s'aligner sur les courses les plus dures et pour gagner des ultra-marathons.

# PROGRAMME FONCIER

## PHASE PRÉPARATOIRE

Avant d'entamer cette phase préparatoire, il est préférable d'achever l'optimisation technique et d'habituer votre corps aux nouvelles sollicitations de la bonne gestuelle. Mieux vaut aussi que vous ayez commencé à travailler le renforcement.

En préalable au programme foncier proprement dit, vous devez en outre acquérir une bonne forme générale. Maintenant que vos mollets ne vous font plus mal et que vos fessiers fonctionnent correctement, vous allez devoir travailler un peu la résistance et l'endurance pour vous préparer aux exigences du programme foncier. Les coureurs d'expérience qui pensent avoir d'ores et déjà une base solide peuvent considérer cette phase préparatoire comme une période de récupération et de perfectionnement technique supplémentaire. (Résistez à la tentation d'en faire plus. Vous serez mis à rude épreuve très bientôt !)

## PROGRAMMATION

Continuez le renforcement et faites quatre séances faciles de cinquante minutes par semaine pendant trois semaines (ou plus si vous voulez) avant de commencer le programme foncier. Ces séances doivent rester de faible intensité. Travaillez la prise d'appui sur l'avant du pied et la gestuelle. Une bonne gestuelle, c'est le travail de toute une vie. N'hésitez pas à poursuivre les exercices techniques pendant cette phase préparatoire.

Nous revoilà au bord du lac, à mi-chemin du tour complet. Suivez-moi sur ce rocher. Faites attention en arrivant au bord. Nous sommes une dizaine de mètres au-dessus de la surface de l'eau, sur Jumping Rock, d'où les nageurs plongent parfois dans le lac. Ne vous fiez pas à la température ambiante. Cette eau-là est gelée même en cette saison, mais c'est un excellent moyen de soulager vos mollets endoloris.

Jumping Rock illustre parfaitement le stade où nous en sommes. Le moment est venu de plonger dans un plan d'entraînement d'un nouveau genre, spécialement conçu pour vous.

Il en existe de toutes sortes. Faites tant de kilomètres aujourd'hui, tant demain, tant cette semaine. Augmentez la distance petit à petit, puis réduisez progressivement quelques semaines avant la course. Certains proposent du fractionné et du travail en côte, d'autres de l'entraînement croisé. Beaucoup sont très efficaces pour des distances précises et rien ne vous empêche d'en suivre un par la suite, mais il faut commencer par le commencement. Suivez d'abord ce programme de cinq mois et vous aurez une base solide qui vous permettra de faire tout ce que vous voulez.

Après la phase préparatoire dont je viens de vous parler, il faut commencer par évaluer votre forme. Deux tests nous permettront de mesurer où vous en êtes avec les différents facteurs de la performance. Suivant les résultats, nous pourrons déterminer les intensités (sur la base de la fréquence cardiaque et de la vitesse) auxquelles vous allez travailler dans les différentes phases du programme. Pendant la plupart des séances, vous devrez contrôler votre fréquence cardiaque et votre vitesse de façon à rester dans la zone d'intensité correspondant à l'objectif du jour.

Le plan est à la fois personnalisé et stratégique. Vous partez de là où vous en êtes en termes de force, de vitesse et d'endurance, vous vous entraînez toujours à votre niveau et, avec le contrôle de la fréquence cardiaque et de la vitesse, vous êtes sûr de réaliser le travail souhaité, qu'il s'agisse de force, d'endurance, de vitesse ou d'un mélange des trois. Aucun risque de sous ou de surentraînement. Le bénéfice est toujours à la hauteur de l'effort.

Pour obtenir le bénéfice maximum, la notion de seuil est toutefois essentielle. Je pense que, pour chacun de vos facteurs – force, endurance, vitesse – et de leurs différentes combinaisons, il existe un niveau d'effort spécifique (en termes de durée et d'intensité ou de vitesse). En travaillant assidûment à ces niveaux (les zones cibles de votre programme), vous tirerez le maximum de votre investissement et ça marche à toutes les intensités, du seuil de combustion des graisses au fractionné rapide.

Le programme de cinq mois est fait de deux phases distinctes, que j'ai baptisées avec beaucoup d'à-propos « phase 1 » et « phase 2 ». Elles seront indiquées dans votre plan.

Dans la première, nous chercherons en priorité à vous doter d'une base solide en développant vos qualités fondamentales : l'endurance aérobie (c'est-à-dire l'efficacité du système cardiovasculaire et de la filière lipidique), la force (musculosquelettique et neuro-musculaire) et la vitesse pure. Le volume kilométrique augmentera progressivement au cours de cette phase. Dans la seconde, nous privilégierons l'intensité, de façon à améliorer vraiment vos capacités anaérobies pour développer votre vitesse et votre résistance. Le volume sera constant, nous réduirons la durée de vos séances longues. Les deux phases du programme fonctionnent par séquences de trois semaines à intensité croissante suivies de paliers d'une semaine de récupération.

Quand vous en aurez terminé, vous aurez les bases nécessaires pour faire face à tous les types de courses. Si vous êtes débutant, ce programme permet de préparer aussi bien un 5 000 mètres qu'un semi-marathon. Vous serez prêt immédiatement. Il y a de bonnes chances pour que ce soit suffisant aussi pour le marathon, mais quelques séances longues supplémentaires à allure spécifique vous permettront d'être plus solide et plus rapide.

Si vous êtes un coureur expérimenté, attendez la fin de la saison et suivez ce programme pour acquérir une nouvelle base sur laquelle pourront venir se greffer d'autres plans d'entraînement pour des objectifs plus spécifiques. Si vous êtes coureur d'ultra, faites-le en début de saison et ajoutez huit semaines de séances longues à allure spécifique avant la course que vous avez choisie. La progression en termes de force et de vitesse vous laissera pantois.

## MATÉRIEL

Commençons par le commencement : vous allez devoir acheter un GPS avec cardiofréquencemètre. Si vous n'en avez pas, sachez que c'est indispensable. Je n'ai pas de marque à vous recommander, mais optez pour du matériel de qualité. Nous avons besoin de précision et de fiabilité pour savoir en temps réel à quelle vitesse vous courez et à quelle fréquence bat votre cœur.

## PHASE DE TEST

Une fois votre montre achetée, nous allons évaluer votre forme et déterminer vos zones d'entraînement à l'aide de deux tests. D'abord quelques conseils : inutile de vous défoncer. Ce ne sont pas des compétitions. Faites de votre mieux en gardant à l'esprit qu'il s'agit d'obtenir des références. En tant que coach, ce que je veux vous entendre dire après ces tests, c'est : « J'étais pas mal, mais je crois que je peux faire mieux. » Vous devez fournir un gros effort, mais pas au point de vous écrouler sur la piste en me maudissant.

Les tests doivent être faits sur un terrain plat et régulier. La piste d'athlétisme du lycée du coin sera parfaite. Si vous n'en trouvez pas, prenez des repères pour les prochaines fois. Intercalez deux à trois jours de récupération entre les deux tests. Vous pouvez éventuellement faire de petites séances à faible allure en gardant à l'esprit qu'il faut être frais pour les deux. Avant de vous lancer, faites aussi quelques essais avec votre nouvelle montre pour vous familiariser avec les fonctions nécessaires à l'enregistrement des données qui nous intéressent. Ce n'est jamais drôle de devoir refaire un test.

### A. Test 1 – Un *mile* (1 609 m) à fond

1. Échauffement : 15 minutes à allure faible et 5 minutes à allure moyenne, puis quatre accélérations d'une trentaine de secondes avec un intervalle d'une minute de récupération (à allure faible ou en marchant, suivant vos sensations). Inutile d'enregistrer la vitesse et la fréquence cardiaque pendant l'échauffement.
2. Test : courez un *mile* le plus vite possible en essayant de conserver une allure constante. N'oubliez pas de démarrer l'enregistrement de la fréquence cardiaque et de la vitesse, et de l'arrêter à la fin du test.
3. Retour au calme : 10 minutes à allure faible ou en marchant.
4. Données : enregistrez votre fréquence cardiaque moyenne et maximale ainsi que votre temps.

### B. Test 2 – Vingt minutes à fond

1. Échauffement : 10 minutes à allure faible et 5 minutes à allure moyenne puis quatre accélérations d'une trentaine de secondes entrecoupées d'une minute de récupération. Reposez-vous une minute après la dernière accélération. Inutile d'enregistrer la vitesse et la fréquence cardiaque pendant l'échauffement.
2. Test : courez le plus vite possible pendant 20 minutes en essayant de conserver une allure constante. N'oubliez pas de démarrer l'enregistrement de la fréquence cardiaque et de la vitesse, et de l'arrêter à la fin du test.
3. Retour au calme : 10 minutes à allure faible ou en marchant.
4. Données : enregistrez votre fréquence cardiaque moyenne et maximale, votre vitesse moyenne en minutes par kilomètre ainsi que la distance parcourue.

### C. Test pour le fun – Une minute à fond

1. Échauffement : 15 minutes à allure faible et 5 minutes à allure moyenne, puis quatre accélérations d'une trentaine de secondes avec un intervalle d'une minute de récupération. Reposez-vous une minute après la dernière accélération. Inutile d'enregistrer la vitesse et la fréquence cardiaque pendant l'échauffement.

2. Test : courez le plus vite possible pendant une minute en essayant de conserver une allure constante. N'oubliez pas de démarrer l'enregistrement de la fréquence cardiaque et de la vitesse, et de l'arrêter à la fin du test.
3. Retour au calme : 10 minutes à allure faible ou en marchant.
4. Données : enregistrez votre vitesse moyenne et la distance parcourue.

## ZONES D'ENTRAÎNEMENT

Une fois les tests effectués, vous disposerez des données nécessaires pour déterminer les différentes plages de fréquence cardiaque et de vitesse auxquelles vous allez vous entraîner pendant le programme de cinq mois. J'insiste, mais ce programme est construit de façon stratégique parce que l'intensité des séances dépend de votre forme actuelle et permet une progression maximale de la force, de l'endurance et de la vitesse tout en évitant le sur ou le sous-entraînement. C'est un plan d'entraînement entièrement personnalisé.

Pour déterminer vos zones de vitesse, prenez votre temps au test du *mile* et trouvez celui qui en est le plus proche dans la colonne de gauche du tableau ci-dessous. Vos zones sont classées de gauche à droite de 1 à 7. Si, par exemple, vous avez fait 7'57" au *mile*, vous devez vous référer à la ligne 7'55" et votre zone de vitesse 1 (V1) sera comprise entre 6'57" et 6'38" au kilomètre.

| Test du *mile* | V1 | | V2 | | V3 | | V4 | | V5 | | V6 | | V7 | |
|---|---|---|---|---|---|---|---|---|---|---|---|---|---|---|
| 10:00 | 8:42 | 8:23 | 7:46 | 7:27 | 7:27 | 7:08 | 7:02 | 6:50 | 6:40 | 6:31 | 6:22 | 6:12 | 6:00 | 5:54 |
| 09:55 | 8:38 | 8:18 | 7:42 | 7:23 | 7:23 | 7:05 | 6:58 | 6:46 | 6:37 | 6:27 | 6:19 | 6:09 | 5:57 | 5:51 |
| 09:50 | 8:34 | 8:14 | 7:39 | 7:19 | 7:19 | 7:01 | 6:55 | 6:43 | 6:34 | 6:24 | 6:15 | 6:06 | 5:54 | 5:47 |
| 09:45 | 8:30 | 8:10 | 7:35 | 7:16 | 7:16 | 6:57 | 6:51 | 6:39 | 6:31 | 6:21 | 6:12 | 6:03 | 5:51 | 5:44 |
| 09:40 | 8:25 | 8:06 | 7:31 | 7:12 | 7:12 | 6:54 | 6:48 | 6:36 | 6:27 | 6:18 | 6:09 | 6:00 | 5:48 | 5:42 |
| 09:35 | 8:21 | 8:02 | 7:28 | 7:08 | 7:08 | 6:50 | 6:45 | 6:32 | 6:24 | 6,14 | 6:06 | 5:57 | 5:45 | 5:39 |
| 09:30 | 8:17 | 7:57 | 7:24 | 7:05 | 7:05 | 6:46 | 6:42 | 6:29 | 6:21 | 6:11 | 6:03 | 5:54 | 5:42 | 5:36 |
| 09:25 | 8:13 | 7:53 | 7:20 | 7:01 | 7:01 | 6:43 | 6:38 | 6:25 | 6:18 | 6:08 | 6:00 | 5:51 | 5:39 | 5:33 |
| 09:20 | 8:09 | 7:49 | 7:16 | 6:57 | 6:57 | 6:40 | 6:35 | 6:22 | 6:14 | 6:05 | 5:57 | 5:47 | 5:36 | 5:30 |
| 09:15 | 8:04 | 7:45 | 7:13 | 6:53 | 6:53 | 6:36 | 6:31 | 6:19 | 6:11 | 6:01 | 5:54 | 5:44 | 5:33 | 5:27 |
| 09:10 | 8:00 | 7:41 | 7:09 | 6:50 | 6:50 | 6:32 | 6:28 | 6:15 | 6:08 | 5:58 | 5:51 | 5:41 | 5:30 | 5:24 |
| 09:05 | 7:56 | 7:36 | 7:05 | 6:46 | 6:46 | 6:28 | 6:24 | 6:12 | 6:05 | 5:55 | 5:47 | 5:38 | 5:27 | 5:21 |
| 09:00 | 7:52 | 7:32 | 7:01 | 6:42 | 6:42 | 6:25 | 6:21 | 6:09 | 6:01 | 5:52 | 5:44 | 5:35 | 5:24 | 5:18 |
| 08:55 | 7:47 | 7:28 | 6:58 | 6:38 | 6:38 | 6:22 | 6:17 | 6:05 | 5:58 | 5:48 | 5:41 | 5:32 | 5:21 | 5:15 |
| 08:50 | 7:44 | 7:24 | 6:54 | 6:35 | 6:35 | 6:18 | 6:14 | 6:02 | 5:55 | 5:45 | 5:38 | 5:29 | 5:18 | 5:12 |
| 08:45 | 7:39 | 7:19 | 6:50 | 6:31 | 6:31 | 6:14 | 6:10 | 5:58 | 5:52 | 5:42 | 5:35 | 5:26 | 5:15 | 5:09 |
| 08:40 | 7:35 | 7:16 | 6:46 | 6:27 | 6:27 | 6:11 | 6:07 | 5:55 | 5:48 | 5:39 | 5:32 | 5:23 | 5:13 | 5:06 |
| 08:35 | 7:31 | 7:11 | 6:43 | 6:24 | 6:24 | 6:07 | 6:04 | 5:51 | 5:45 | 5:35 | 5:29 | 5:20 | 5:10 | 5:03 |
| 08:30 | 7:27 | 7:07 | 6:39 | 6:20 | 6:20 | 6:04 | 6:01 | 5:48 | 5:42 | 5:32 | 5:26 | 5:16 | 5:06 | 5:00 |
| 08:25 | 7:23 | 7:03 | 6:35 | 6:16 | 6:16 | 6:00 | 5:57 | 5:44 | 5:39 | 5:29 | 5:23 | 5:13 | 5:03 | 4:57 |
| 08:20 | 7:18 | 6:59 | 6:32 | 6:12 | 6:12 | 5:57 | 5:54 | 5:41 | 5:35 | 5:26 | 5:20 | 5:10 | 5:01 | 4:55 |
| 08:15 | 7:14 | 6:55 | 6:28 | 6:09 | 6:09 | 5:53 | 5:50 | 5:38 | 5:32 | 5:22 | 5:16 | 5:07 | 4:58 | 4:52 |
| 08:10 | 7:10 | 6:50 | 6:24 | 6:05 | 6:05 | 5:49 | 5:47 | 5:34 | 5:29 | 5:19 | 5:13 | 5:40 | 4:55 | 4:48 |
| 08:05 | 7:06 | 6:46 | 6:20 | 6:01 | 6:01 | 5:46 | 5:43 | 5:31 | 5:26 | 5:16 | 5:10 | 5:01 | 4:52 | 4:45 |
| 08:00 | 7:01 | 7:19 | 6:17 | 5:57 | 5:57 | 5:42 | 5:40 | 5:28 | 5:22 | 5:13 | 5:07 | 4:58 | 4:49 | 4:43 |
| 07:55 | 6:57 | 6:38 | 6:13 | 5:54 | 5:54 | 5:39 | 5:36 | 5:24 | 5:19 | 5:09 | 5:04 | 4:55 | 4:46 | 4:40 |
| 07:50 | 6:53 | 6:33 | 6:09 | 5:50 | 5:50 | 5:35 | 5:33 | 5:21 | 5:16 | 5:06 | 5:01 | 4:52 | 4:43 | 4:37 |
| 07:45 | 6:49 | 6:29 | 6:05 | 5:46 | 5:46 | 5:31 | 5:29 | 5:17 | 5:13 | 5:03 | 4:58 | 4:48 | 4:40 | 4:34 |
| 07:40 | 6:45 | 6:25 | 6:02 | 5:42 | 5:42 | 5:28 | 5:26 | 5:14 | 5:09 | 5:00 | 4:55 | 4:45 | 4:37 | 4:31 |

| Test du *mile* | V1 | | V2 | | V3 | | V4 | | V5 | | V6 | | V7 | |
|---|---|---|---|---|---|---|---|---|---|---|---|---|---|---|
| 07:35 | 6:40 | 6:21 | 5:58 | 5:39 | 5:39 | 5:24 | 5:23 | 5:10 | 5:06 | 4:56 | 4:52 | 4:42 | 4:34 | 4:28 |
| 07:30 | 6:37 | 6:17 | 5:54 | 5:35 | 5:35 | 5:21 | 5:20 | 5:07 | 5:03 | 4:53 | 4:48 | 4:39 | 4:31 | 4:25 |
| 07:25 | 6:32 | 6:12 | 5:51 | 5:31 | 5:31 | 5:17 | 5:16 | 5:03 | 5:00 | 4:50 | 4:45 | 4:36 | 4:28 | 4:22 |
| 07:20 | 6:28 | 6:09 | 5:47 | 5:26 | 5:26 | 5:14 | 5:13 | 5:00 | 4:56 | 4:47 | 4:42 | 4:33 | 4:25 | 4:19 |
| 07:15 | 6:24 | 6:04 | 5:43 | 5:24 | 5:24 | 5:10 | 5:09 | 4:57 | 4:53 | 4:43 | 4:39 | 4:30 | 4:22 | 4:16 |
| 07:10 | 6:20 | 6:00 | 5:39 | 5:20 | 5:20 | 5:06 | 5:06 | 4;53 | 4:50 | 4:40 | 4:36 | 4:27 | 4:19 | 4:13 |
| 07:05 | 6:15 | 5:56 | 5:36 | 5:16 | 5:16 | 5:03 | 5:02 | 4:50 | 4:47 | 4:37 | 4:33 | 4:24 | 4:16 | 4:10 |
| 07:00 | 6:11 | 5:52 | 5:32 | 5:13 | 5:13 | 5:00 | 4:59 | 4:47 | 4:43 | 4:34 | 4:30 | 4:20 | 4:14 | 4:07 |
| 06:58 | 6:09 | 5:50 | 5:31 | 5:11 | 5:11 | 4:58 | 4:57 | 4:45 | 4:42 | 4:32 | 4:29 | 4:19 | 4:12 | 4:06 |
| 06:55 | 6:07 | 5:47 | 5:28 | 5:09 | 5:09 | 4:56 | 4:55 | 4:43 | 4:40 | 4:30 | 4:27 | 4:17 | 4:11 | 4:04 |
| 06:53 | 6:05 | 5:46 | 5:27 | 5:07 | 5:07 | 4:54 | 4:54 | 4:42 | 4:38 | 4:29 | 4:25 | 4:16 | 4:09 | 4:03 |
| 06:50 | 6:03 | 5:43 | 5:24 | 5:05 | 5:05 | 4:52 | 4:52 | 4:40 | 4:37 | 4:27 | 4:24 | 4:14 | 4:07 | 4:01 |
| 06:48 | 6:01 | 5:41 | 5:23 | 5:03 | 5:03 | 4:51 | 4:50 | 4:38 | 4:35 | 4:25 | 4:22 | 4:13 | 4:06 | 4:00 |
| 06:45 | 5:59 | 5:39 | 5:21 | 5:01 | 5:01 | 4:48 | 4:48 | 4:36 | 4:34 | 4:24 | 4:20 | 4:11 | 4:04 | 3:58 |
| 06:43 | 5:57 | 5:38 | 5:20 | 5:00 | 5:00 | 4:47 | 4:47 | 4:35 | 4:32 | 4:22 | 4:19 | 4:10 | 4:03 | 3:57 |
| 06:40 | 5:54 | 5:35 | 5:17 | 4:58 | 4:58 | 4:45 | 4:45 | 4:33 | 4:30 | 4:20 | 4:17 | 4:08 | 4:02 | 3:56 |
| 06:38 | 5:52 | 5:33 | 5:16 | 4:56 | 4:56 | 4:43 | 4:43 | 4:31 | 4:29 | 4:19 | 4:16 | 4:07 | 4:01 | 3:54 |
| 06:35 | 5:50 | 5:31 | 5:13 | 4:54 | 4:54 | 4:42 | 4:42 | 4:29 | 4:27 | 4:17 | 4:14 | 4:05 | 3:59 | 3:53 |
| 06:33 | 5:49 | 5:29 | 5:12 | 4:52 | 4:52 | 4:40 | 4:40 | 4:28 | 4:25 | 4:16 | 4:13 | 4:04 | 3:57 | 3:51 |
| 06:30 | 5:46 | 5:26 | 5:10 | 4:50 | 4:50 | 4:38 | 4:38 | 4:26 | 4:24 | 4:14 | 4:11 | 4:02 | 3:56 | 3:49 |
| 06:28 | 5:44 | 5:24 | 5:08 | 4:48 | 4:48 | 4:37 | 4:37 | 4:24 | 4:22 | 4:12 | 4:10 | 4:01 | 3:54 | 3:48 |
| 06:25 | 5:42 | 5:22 | 5:06 | 4:47 | 4:47 | 4:34 | 4:35 | 4:22 | 4:20 | 4:11 | 4:08 | 3:59 | 3:53 | 3:46 |
| 06:23 | 5:40 | 5:21 | 5:05 | 4:45 | 4:45 | 4:33 | 4:34 | 4:21 | 4:19 | 4:09 | 4:07 | 3:57 | 3:51 | 3:45 |
| 06:20 | 5:38 | 5:18 | 5:02 | 4:43 | 4:43 | 4:31 | 4:32 | 4:19 | 4:17 | 4:07 | 4:05 | 3:56 | 3:50 | 3:44 |
| 06:18 | 5:36 | 5:16 | 5:01 | 4:41 | 4:41 | 4:29 | 4:30 | 4:17 | 4:16 | 4:06 | 4:04 | 3:54 | 3:49 | 3:43 |
| 06:15 | 5:33 | 5:14 | 4:58 | 4:39 | 4:39 | 4:27 | 4:28 | 4:16 | 4:14 | 4:04 | 4:02 | 3:53 | 3:47 | 3:41 |
| 06:13 | 5:32 | 5:12 | 4:57 | 4:37 | 4:37 | 4:25 | 4:27 | 4:14 | 4:12 | 4:02 | 4:01 | 3:51 | 3:46 | 3:39 |
| 06:10 | 5:29 | 5:10 | 4:55 | 4:35 | 4:35 | 4:24 | 4:25 | 4:12 | 4:11 | 4:01 | 3:59 | 3:49 | 3:44 | 3:38 |
| 06:08 | 5:28 | 5:08 | 4:53 | 4:34 | 4:34 | 4:22 | 4:23 | 4:11 | 4:09 | 3:59 | 3:57 | 3:48 | 3:43 | 3:36 |

| Test du *mile* | V1 | | V2 | | V3 | | V4 | | V5 | | V6 | | V7 | |
|---|---|---|---|---|---|---|---|---|---|---|---|---|---|---|
| 06:05 | 5:25 | 5:05 | 4:51 | 4:32 | 4:32 | 4:20 | 4:21 | 4:09 | 4:07 | 3:57 | 3:56 | 3:46 | 3:41 | 3:34 |
| 06:03 | 5:23 | 5:04 | 4:50 | 4:30 | 4:30 | 4:19 | 4:20 | 4:07 | 4:06 | 3:56 | 3:54 | 3:45 | 3:39 | 3:33 |
| 06:00 | 5:21 | 5:01 | 4:47 | 4:28 | 4:28 | 4:17 | 4:18 | 4:06 | 4:04 | 3:54 | 3:53 | 3:43 | 3:38 | 3:32 |
| 05:58 | 5:19 | 5:00 | 4:46 | 4:26 | 4:26 | 4:15 | 4:16 | 4:04 | 4:02 | 3:53 | 3:51 | 3:42 | 3:37 | 3:31 |
| 05:55 | 5:16 | 4:57 | 4:43 | 4:24 | 4:24 | 4:13 | 4:14 | 4:02 | 4:01 | 3:51 | 3:49 | 3:40 | 3:35 | 3:29 |
| 05:53 | 5:15 | 4:55 | 4:42 | 4:22 | 4:22 | 4:11 | 4:13 | 4:01 | 3:59 | 3:49 | 3:48 | 3:39 | 3:34 | 3:28 |
| 05:50 | 5:13 | 4:53 | 4:40 | 4:20 | 4:20 | 4:09 | 4:11 | 3:59 | 3:57 | 3:48 | 3:46 | 3:37 | 3:32 | 3:26 |
| 05:48 | 5:11 | 4:51 | 4:38 | 4:19 | 4:19 | 4:08 | 4:09 | 3:57 | 3:56 | 3:46 | 3:45 | 3:36 | 3:31 | 3:25 |
| 05:45 | 5:08 | 4:48 | 4:36 | 4:17 | 4:17 | 4:06 | 4:07 | 3:55 | 3:54 | 3:44 | 3:43 | 3:34 | 3:29 | 3:23 |
| 05:43 | 5:06 | 4:47 | 4:35 | 4:15 | 4:15 | 4:04 | 4:06 | 3:54 | 3:53 | 3:43 | 3:42 | 3:33 | 3:28 | 3:21 |
| 05:40 | 5:04 | 4:45 | 4:32 | 4:13 | 4:13 | 4:02 | 4:04 | 3:52 | 3:51 | 3:41 | 3:40 | 3:31 | 3:26 | 3:20 |
| 05:38 | 5:02 | 4:43 | 4:31 | 4:11 | 4:11 | 4:01 | 4:02 | 3:50 | 3:49 | 3:39 | 3:39 | 3:30 | 3:25 | 3:19 |
| 05:35 | 5:00 | 4:40 | 4:29 | 4:09 | 4:09 | 3:59 | 4:01 | 3:48 | 3:48 | 3:38 | 3:37 | 3:28 | 3:23 | 3:17 |
| 05:33 | 4:58 | 4:38 | 4:27 | 4:07 | 4:07 | 3:57 | 3:59 | 3:47 | 3:46 | 3:36 | 3:36 | 3:26 | 3:22 | 3:16 |
| 05:30 | 4:56 | 4:36 | 4:25 | 4:06 | 4:06 | 3:55 | 3:57 | 3:45 | 3:44 | 3:34 | 3:34 | 3:25 | 3:20 | 3:14 |
| 05:28 | 4:54 | 4:34 | 4:24 | 4:04 | 4:04 | 3:54 | 3:56 | 3:43 | 3:43 | 3:33 | 3:33 | 3:23 | 3:19 | 3:13 |
| 05:25 | 4:52 | 4:32 | 4:21 | 4:02 | 4:02 | 3:51 | 3:54 | 3:41 | 3:41 | 3:31 | 3:31 | 3:21 | 3:17 | 3:11 |
| 05:23 | 4:50 | 4:30 | 4:20 | 4:00 | 4:00 | 3:50 | 3:53 | 3:40 | 3:39 | 3:30 | 3:30 | 3:20 | 3:16 | 3:10 |
| 05:20 | 4:47 | 4:28 | 4:17 | 3:58 | 3:58 | 3:48 | 3:51 | 3:38 | 3:38 | 3:28 | 3:28 | 3:18 | 3:15 | 3:08 |
| 05:18 | 4:45 | 4:26 | 4:16 | 3:56 | 3:56 | 3:46 | 3:49 | 3:36 | 3:36 | 3:26 | 3:26 | 3:17 | 3:13 | 3:07 |
| 05:15 | 4:43 | 4:24 | 4:14 | 3:54 | 3:54 | 3:44 | 3:47 | 3:34 | 3:34 | 3:25 | 3:25 | 3:15 | 3:12 | 3:05 |
| 05:13 | 4:42 | 4:22 | 4:12 | 3:53 | 3:53 | 3:43 | 3:46 | 3:33 | 3:33 | 3:23 | 3:23 | 3:14 | 3:10 | 3:04 |
| 05:10 | 4:39 | 4:19 | 4:10 | 3:51 | 3:51 | 3:41 | 3:44 | 3:31 | 3:31 | 3:21 | 3:21 | 3:12 | 3:08 | 3:02 |
| 05:08 | 4:37 | 4:17 | 4:09 | 3:49 | 3:49 | 3:39 | 3:42 | 3:30 | 3:30 | 3:20 | 3:20 | 3:11 | 3:07 | 3:01 |
| 05:05 | 4:35 | 4:15 | 4:06 | 3:47 | 3:47 | 3:37 | 3:40 | 3:28 | 3:28 | 3:18 | 3:18 | 3:09 | 3:05 | 2:59 |
| 05:03 | 4:33 | 4:14 | 4:05 | 3:45 | 3:45 | 3:36 | 3:39 | 3:26 | 3:26 | 3:17 | 3:17 | 3:08 | 3:04 | 2:58 |
| 05:00 | 4:30 | 4:11 | 4:02 | 3:43 | 3:43 | 3:34 | 3:37 | 3:25 | 3:25 | 3:15 | 3:15 | 3:06 | 3:03 | 2:57 |
| 04:58 | 4:29 | 4:09 | 4:01 | 3:41 | 3:41 | 3:32 | 3:35 | 3:23 | 3:23 | 3:13 | 3:14 | 3:05 | 3:02 | 2:55 |

| Test du *mile* | V1 | | V2 | | V3 | | V4 | | V5 | | V6 | | V7 | |
|---|---|---|---|---|---|---|---|---|---|---|---|---|---|---|
| 04:55 | 4:26 | 4:07 | 3:59 | 3:39 | 3:39 | 3:30 | 3:33 | 3:21 | 3:21 | 3:12 | 3:12 | 3:03 | 3:00 | 2:53 |
| 04:53 | 4:25 | 4:05 | 3:57 | 3:38 | 3:38 | 3:28 | 3:32 | 3:20 | 3:20 | 3:10 | 3:11 | 3:02 | 2:58 | 2:52 |
| 04:50 | 4:22 | 4:02 | 3:55 | 3:36 | 3:36 | 3:26 | 3:30 | 3:18 | 3:18 | 3:08 | 3:09 | 2:58 | 2:57 | 2:50 |
| 04:48 | 4:20 | 4:01 | 3:54 | 3:34 | 3:34 | 3:25 | 3:28 | 3:16 | 3:17 | 3:07 | 3:08 | 2:58 | 2:55 | 2:49 |
| 04:45 | 4:18 | 3:58 | 3:51 | 3:32 | 3:32 | 3:23 | 3:26 | 3:14 | 3:15 | 3:05 | 3:06 | 2:57 | 2:53 | 2:47 |
| 04:43 | 4:16 | 3:57 | 3:50 | 3:30 | 3:30 | 3:21 | 3:25 | 3:13 | 3:13 | 3:04 | 3:05 | 2:55 | 2:52 | 2:46 |
| 04:40 | 4:14 | 3:54 | 3:48 | 3:28 | 3:28 | 3:20 | 3:23 | 3:11 | 3:12 | 3:02 | 3:03 | 2:53 | 2:51 | 2:45 |
| 04:38 | 4:12 | 3:53 | 3:46 | 3:26 | 3:26 | 3:18 | 3:21 | 3:09 | 3:10 | 3:00 | 3:02 | 2:52 | 2:50 | 2:44 |
| 04:35 | 4:09 | 3:50 | 3:44 | 3:25 | 3:25 | 3:16 | 3:20 | 3:07 | 3:08 | 2:58 | 3:00 | 2:50 | 2:48 | 2:42 |
| 04:33 | 4:08 | 3:48 | 3:43 | 3:23 | 3:23 | 3:14 | 3:18 | 3:06 | 3:07 | 2:57 | 2:58 | 2:49 | 2:47 | 2:40 |
| 04:30 | 4:06 | 3:46 | 3:40 | 3:21 | 3:21 | 3:12 | 3:16 | 3:04 | 3:05 | 2:55 | 2:57 | 2:47 | 2:45 | 2:39 |
| 04:28 | 4:04 | 3:44 | 3:39 | 3:19 | 3:19 | 3:11 | 3:15 | 3:02 | 3:04 | 2:54 | 2:55 | 2:46 | 2:44 | 2:37 |
| 04:25 | 4:01 | 3:41 | 3:36 | 3:17 | 3:17 | 3:08 | 3:13 | 3:00 | 3:02 | 2:52 | 2:53 | 2:44 | 2:42 | 2:35 |
| 04:23 | 3:59 | 3:40 | 3:35 | 3:15 | 3:15 | 3:07 | 3:12 | 2:59 | 3:00 | 2:51 | 2:52 | 2:43 | 2:40 | 2:34 |
| 04:20 | 3:57 | 3:38 | 3:33 | 3:13 | 3:13 | 3:05 | 3:10 | 2:57 | 2:58 | 2:49 | 2:50 | 2:41 | 2:39 | 2:33 |
| 04:18 | 3:55 | 3:36 | 3:31 | 3:12 | 3:12 | 3:03 | 3:08 | 2:55 | 2:57 | 2:47 | 2:49 | 2:40 | 2:38 | 2:32 |
| 04:15 | 3:53 | 3:33 | 3:29 | 3:10 | 3:10 | 3:02 | 3:06 | 2:53 | 2:55 | 2:45 | 2:47 | 2:38 | 2:36 | 2:30 |
| 04:13 | 3:51 | 3:31 | 3:28 | 3:08 | 3:08 | 3:00 | 3:05 | 2:52 | 2:54 | 2:44 | 2:46 | 2:37 | 2:35 | 2:29 |
| 04:10 | 3:49 | 3:29 | 3:25 | 3:06 | 3:06 | 2:58 | 3:03 | 2:50 | 2:52 | 2:42 | 2:45 | 2:35 | 2:33 | 2:27 |
| 04:08 | 3:47 | 3:27 | 3:24 | 3:04 | 3:04 | 2:57 | 3:01 | 2:49 | 2:51 | 2:41 | 2:43 | 2:34 | 2:32 | 2:26 |
| 04:05 | 3:44 | 3:25 | 3:21 | 3:02 | 3:02 | 2:54 | 2:59 | 2:47 | 2:49 | 2:39 | 2:41 | 2:32 | 2:30 | 2:22 |
| 04:03 | 3:43 | 3:23 | 3:20 | 3:00 | 3:00 | 2:53 | 2:58 | 2:45 | 2:47 | 2:38 | 2:40 | 2:30 | 2:29 | 2:22 |
| 04:00 | 3:40 | 3:21 | 3:18 | 2:58 | 2:58 | 2:51 | 2:56 | 2:44 | 2:45 | 2:36 | 2:38 | 2:29 | 2:27 | 2:21 |
| 03:58 | 3:38 | 3:19 | 3:16 | 2:56 | 2:56 | 2:49 | 2:54 | 2:42 | 2:43 | 2:34 | 2:36 | 2:27 | 2:25 | 2:20 |
| 03:55 | 3:36 | 3:16 | 3:14 | 2:54 | 2:54 | 2:47 | 2:52 | 2:40 | 2:41 | 2:32 | 2:34 | 2:26 | 2:24 | 2:18 |
| 03:50 | 3:32 | 3:12 | 3:10 | 2:51 | 2:51 | 2:44 | 2:49 | 2:37 | 2:39 | 2:29 | 2:32 | 2:22 | 2:21 | 2:15 |
| 03:48 | 3:30 | 3:10 | 3:09 | 2:49 | 2:49 | 2:42 | 2:47 | 2:35 | 2:38 | 2:28 | 2:30 | 2:21 | 2:20 | 2:14 |
| 03:45 | 3:28 | 3:08 | 3:07 | 2:47 | 2:47 | 2:40 | 2:45 | 2:33 | 2:36 | 3:26 | 2:29 | 2:19 | 2:18 | 2:12 |

Pour déterminer vos zones de fréquence cardiaque, prenez votre fréquence cardiaque moyenne au test de 20 minutes et trouvez celle qui est la plus proche dans la colonne de gauche du tableau. Vos zones sont classées de gauche à droite de 1 à 7. Si, par exemple, votre fréquence cardiaque moyenne au test de 20 minutes est de 165 pulsations par minute, votre zone de fréquence cardiaque 2 (FC2) sera comprise entre 133 et 142. Votre FC7, la zone la plus intense, sera, elle, comprise entre 161 et 165 pulsations par minute.

| FC moy. au test | FC1 | FC2 | FC3 | FC4 | FC5 | FC6 | FC7 |
|---|---|---|---|---|---|---|---|
| 150 | 108-117 | 118-127 | 128-132 | 133-136 | 137-141 | 142-145 | 146-150 |
| 151 | 109-118 | 119-128 | 129-133 | 134-137 | 138-142 | 143-146 | 147-151 |
| 152 | 110-119 | 120-129 | 130-134 | 135-138 | 139-143 | 144-147 | 148-152 |
| 153 | 111-120 | 121-130 | 131-135 | 136-139 | 140-144 | 145-148 | 149-153 |
| 154 | 112-121 | 122-131 | 132-136 | 137-140 | 141-145 | 146-149 | 150-154 |
| 155 | 113-122 | 123-132 | 133-137 | 138-141 | 142-146 | 147-150 | 151-155 |
| 156 | 114-123 | 124-133 | 134-138 | 139-142 | 143-147 | 148-151 | 152-156 |
| 157 | 115-124 | 125-134 | 135-139 | 140-143 | 144-148 | 149-152 | 153-157 |
| 158 | 116-125 | 126-135 | 136-140 | 141-144 | 145-149 | 150-153 | 154-158 |
| 159 | 117-126 | 127-136 | 137-141 | 142-145 | 146-150 | 151-154 | 155-159 |
| 160 | 118-127 | 128-137 | 138-142 | 143-146 | 147-151 | 152-155 | 156-160 |
| 161 | 119-128 | 129-138 | 139-143 | 144-147 | 148-152 | 153-156 | 157-161 |
| 162 | 120-129 | 130-139 | 140-144 | 145-148 | 149-153 | 154-157 | 158-162 |
| 163 | 121-130 | 131-140 | 141-145 | 146-149 | 150-154 | 155-158 | 159-163 |
| 164 | 122-131 | 132-141 | 142-146 | 147-150 | 151-155 | 156-159 | 160-164 |
| 165 | 123-132 | 133-142 | 143-147 | 148-151 | 152-156 | 157-160 | 161-165 |
| 166 | 124-133 | 134-143 | 144-148 | 149-152 | 153-157 | 158-161 | 162-166 |

| FC moy. au test | FC1 | FC2 | FC3 | FC4 | FC5 | FC6 | FC7 |
|---|---|---|---|---|---|---|---|
| 167 | 125-134 | 135-144 | 145-149 | 150-153 | 154-158 | 159-162 | 163-167 |
| 168 | 126-135 | 136-145 | 146-150 | 151-154 | 155-159 | 160-163 | 164-168 |
| 169 | 127-136 | 137-146 | 147-151 | 152-155 | 156-160 | 161-164 | 165-169 |
| 170 | 128-137 | 138-147 | 148-152 | 153-156 | 157-161 | 162-165 | 166-170 |
| 171 | 129-138 | 139-148 | 149-153 | 154-157 | 158-162 | 163-166 | 167-171 |
| 172 | 130-139 | 140-149 | 150-154 | 155-158 | 159-163 | 164-167 | 168-172 |
| 173 | 131-140 | 141-150 | 151-155 | 156-159 | 160-164 | 165-168 | 169-173 |
| 174 | 132-141 | 142-151 | 152-156 | 157-160 | 161-165 | 166-169 | 170-174 |
| 175 | 133-142 | 143-152 | 153-157 | 158-161 | 162-166 | 167-170 | 171-175 |
| 176 | 134-143 | 144-153 | 154-158 | 159-162 | 163-167 | 168-171 | 172-176 |
| 177 | 135-144 | 145-154 | 155-159 | 160-163 | 164-168 | 169-172 | 173-177 |
| 178 | 136-145 | 146-155 | 156-160 | 161-164 | 165-169 | 170-173 | 174-178 |
| 179 | 137-146 | 147-156 | 157-161 | 162-165 | 166-170 | 171-174 | 175-179 |
| 180 | 138-147 | 148-157 | 158-162 | 163-166 | 167-171 | 172-175 | 176-180 |
| 181 | 139-148 | 149-158 | 159-163 | 164-167 | 168-172 | 173-176 | 177-181 |
| 182 | 140-149 | 150-159 | 160-164 | 165-168 | 169-173 | 174-177 | 178-182 |
| 183 | 141-150 | 151-160 | 161-165 | 166-169 | 170-174 | 175-178 | 179-183 |
| 184 | 142-151 | 152-161 | 162-166 | 167-170 | 171-175 | 176-179 | 180-184 |
| 185 | 143-152 | 153-162 | 163-167 | 168-171 | 172-176 | 177-180 | 181-185 |
| 186 | 144-153 | 154-163 | 164-168 | 169-172 | 173-177 | 178-181 | 182-186 |
| 187 | 145-154 | 155-164 | 165-169 | 170-173 | 174-178 | 179-182 | 183-187 |
| 188 | 146-155 | 156-165 | 166-170 | 171-174 | 175-179 | 180-183 | 184-188 |
| 189 | 147-156 | 157-166 | 167-171 | 172-175 | 176-180 | 181-184 | 185-189 |
| 190 | 148-157 | 158-167 | 168-172 | 173-176 | 177-181 | 182-185 | 186-190 |
| 191 | 149-158 | 159-168 | 169-173 | 174-177 | 178-182 | 183-186 | 187-191 |
| 192 | 150-159 | 160-169 | 170-174 | 175-178 | 179-183 | 184-187 | 188-192 |
| 193 | 151-160 | 161-170 | 171-175 | 176-179 | 180-184 | 185-188 | 189-193 |

| FC moy. au test | FC1 | FC2 | FC3 | FC4 | FC5 | FC6 | FC7 |
|---|---|---|---|---|---|---|---|
| 194 | 152-161 | 162-171 | 172-176 | 177-180 | 181-185 | 186-189 | 190-194 |
| 195 | 153-162 | 163-172 | 173-177 | 178-181 | 182-186 | 187-190 | 191-195 |
| 196 | 154-163 | 164-173 | 174-178 | 179-182 | 183-187 | 188-191 | 192-196 |
| 197 | 155-164 | 165-174 | 175-179 | 180-183 | 184-188 | 189-192 | 193-197 |
| 198 | 156-165 | 166-175 | 176-180 | 181-184 | 185-189 | 190-193 | 194-198 |
| 199 | 157-166 | 167-176 | 177-181 | 182-185 | 186-190 | 191-194 | 195-199 |
| 200 | 158-167 | 168-177 | 178-182 | 183-186 | 187-191 | 192-195 | 196-200 |

Vous vous demandez sûrement comment j'ai défini ces zones. Je me suis basé sur un tas de paramètres physiologiques et sur l'expérience que j'ai acquise avec mes athlètes. Je pourrais consacrer tout un livre à ces zones, mais il n'y a pas besoin de savoir ce qui les sous-tend pour en tirer parti. Pour faire simple, elles permettent d'atteindre les objectifs du programme. Il est toutefois intéressant de savoir ce que chacune d'entre elles représente en termes d'efforts et ce qu'elle va vous apporter. En voici les grandes lignes, plus quelques trucs bons à savoir. J'utilise quelques termes qui demandent une brève explication.

– Effort aérobie : ça correspond à une allure modérée. L'énergie est produite à l'aide d'oxygène.

– Effort anaérobie : ce sont par exemple des accélérations courtes et intenses telles que les sprints. Vous devez fournir un gros effort et l'énergie est produite sans oxygène.

– VO2 max : c'est la quantité maximale d'oxygène que votre organisme est capable d'utiliser. Elle définit en gros votre capacité aérobie ou, dit à ma façon, la cylindrée et la puissance de votre moteur.

– Seuil : vous avez sans doute entendu parler du seuil lactique, qui correspond à la vitesse maximale à laquelle vous pouvez courir en utilisant de l'oxygène pour produire de l'énergie. Quand vous allez plus vite, vos muscles deviennent brûlants (à cause de l'acide lactique), votre souffle s'accélère et vous vous fatiguez rapidement.

– Allures spécifiques : pour désigner les différentes zones, je parle parfois de « fréquence cardiaque type marathon » ou d'« allure 10 kilomètres ». Cette terminologie est souvent employée dans d'autres plans d'entraînement. Je l'utilise pour vous donner une référence et pour vous permettre de vous entraîner spécifiquement à ces épreuves après la construction de votre socle stratégique. N'oubliez pas qu'il s'agit d'allures d'entraînement et pas de vitesses de course proprement dites.

Bon, c'est parti. Donnez-moi un moment pour vous expliquer à quoi servent les différentes cases des tableaux.

## FRÉQUENCE CARDIAQUE

### FC1

Les séances dans cette zone permettent de récupérer d'efforts plus intenses et plus longs. La récupération est une composante essentielle de l'entraînement. Quand votre organisme se reconstruit, vous devenez plus fort et plus rapide. Beaucoup de coureurs ont du mal à comprendre l'importance de ces séances et les font souvent trop vite. Cette zone est également utilisée pour l'échauffement, le retour au calme et dans les intervalles du fractionné.

Faites ces séances seul, de façon à ne pas être tenté d'aller plus vite pour suivre vos amis, et sur le plat, pour maintenir une fréquence cardiaque constante.

### FC2

Une bonne part de votre kilométrage hebdomadaire se fera dans cette zone. Elle permettra de développer le moteur aérobie et de construire une base durable pour courir plus vite, plus longtemps et avec davantage d'économie. Cette zone permet précisément d'améliorer la combustion des graisses. Si elle vous paraît lente, difficile à maintenir et très en deçà de vos habitudes, n'oubliez pas qu'il s'agit d'une allure aux multiples bienfaits. Vous allez multiplier ces magnifiques mitochondries et votre vitesse va augmenter avec moins d'efforts. L'allure lente permet également une récupération plus rapide. On peut courir plus longtemps et plus souvent.

Pour finir, elle permet de se focaliser sur la cadence et la gestuelle. Faites ces séances sur le plat ou en terrain légèrement vallonné, de façon à pouvoir maîtriser votre fréquence cardiaque. Ajustez la durée à vos capacités et à vos disponibilités.

**FC3**

Un cran au-dessus de la zone 2, vous commencez à travailler l'endurance musculaire tout en continuant à développer le moteur anaérobie et la combustion des graisses. L'économie longue durée, voilà l'objectif.

Choisissez plutôt des terrains plats ou légèrement vallonnés pour maîtriser votre fréquence cardiaque, mais cette zone plus souple en termes d'allure permet de courir en groupe ou sur des pentes plus marquées. Ajustez la durée à vos capacités et à vos disponibilités.

**FC4**

Les séances dans cette zone développent l'endurance de force et vous rapprochent des limites de l'effort aérobie modéré et long. Elles préparent aussi aux efforts d'intensité plus soutenue.

Faites-les en terrain plat ou légèrement vallonné en alternant de temps en temps avec des parcours plus typés trail. Pour le situer par rapport aux autres allures d'entraînement (et celles qui ne font pas référence à la vitesse), ce type d'effort et de fréquence cardiaque correspond à la préparation au marathon.

**FC5**

Nous sommes ici aux confins des capacités aérobies, juste sous le seuil lactique. Vous travaillez vraiment l'endurance de force. Restez vigilant et concentré pour maintenir votre fréquence cardiaque dans cette fourchette étroite. Soyez aussi constant que possible. Les terrains plats ou les montées longues et régulières sont les plus indiqués pour ce type de travail. Il s'agit d'une zone d'entraînement spécifique au semi-marathon.

**FC6**

Cette zone correspond à peu près au seuil lactique. Vous allez sans doute ressentir un changement au niveau respiratoire. Courir à ce seuil apporte beaucoup de choses : vous renforcez votre résistance musculaire et votre endurance de vitesse, votre capacité à maintenir un effort soutenu et une allure rapide tout en restant aérobie. Il s'agit d'une fréquence cardiaque spécifique à l'entraînement pour le 10 kilomètres.

**FC7**

Dans cette zone, vous êtes à VO2 max. Vous habituez vos muscles à puiser davantage d'oxygène sanguin (ce qui en améliore le rendement) et vous réduisez l'écart entre leurs capacités aérobies et anaérobies (ce qui améliore l'endurance de vitesse). Il s'agit d'une fréquence cardiaque spécifique à l'entraînement pour le 5 kilomètres.

## ZONES DE VITESSE

### V1

Il s'agit d'une zone d'endurance fondamentale en minutes par kilomètre et les séances à cette vitesse vous aident à améliorer l'économie et l'efficacité.

### V2

Ces séances sont équivalentes à celles de la zone FC4. C'est votre allure d'entraînement au marathon exprimée en minutes par kilomètre.

### V3

Ces séances sont équivalentes à celles de la zone FC5. C'est votre allure d'entraînement au semi-marathon exprimée en minutes par kilomètre.

### V4

Ces séances sont équivalentes à celles de la zone FC6. C'est votre allure d'entraînement au 10 kilomètres exprimée en minutes par kilomètre.

### V5

Ces séances sont équivalentes à celles de la zone FC7. C'est votre allure d'entraînement au 5 kilomètres exprimée en minutes par kilomètre.

### V6

Cette zone permet de développer un peu plus vos capacités aérobies et votre VO2 max. Elle correspond elle aussi à la zone FC7 sur des durées plus courtes.

Pour évaluer l'effort, mieux vaut se fier à la vitesse qu'à la fréquence cardiaque.

**V7**

Cette allure, utilisée pour le fractionné court, permet de travailler l'économie ainsi que les capacités anaérobies et neuromusculaires.

## EXÉCUTION

Maintenant que vous connaissez vos zones de fréquence cardiaque comme de vitesse et que vous en avez compris l'intérêt, nous pouvons entamer le programme de cinq mois. Il demande de la discipline et de l'abnégation, mais, si vous le suivez jusqu'au bout, vous serez sidéré par les progrès que vous allez accomplir en termes d'endurance, de force et de vitesse.

Voilà la liste des acronymes et des formulations à connaître :

- E = échauffement
- CS = cœur de la séance
- RC = retour au calme
- IR = intervalle de récupération
- 10' = dix minutes
- 10'' = dix secondes
- 15' à FC2 = quinze minutes dans la 2e zone de fréquence cardiaque

▸ 4-6 x 2' à V4 avec 2' IR = quatre à six fois deux minutes à la vitesse 4 avec deux minutes de récupération entre les répétitions.

▸ Les astérisques signalent les séances optionnelles.

## PHASE 1 – SEMAINE 1

### Jour 1

**E :** 10' à FC1-2.

**CS :** 20-45' à FC2 en travaillant la cadence. Faites une accélération à vitesse modérée de 10 à 20'' toutes les 5'. Fiez-vous à votre idée de la vitesse modérée, puis revenez à FC2.

**RC :** 5' à FC1.

### *Jour 2

**E :** 5-10' à FC2.

**CS :** 20-45' à FC2. Relevez votre cadence toutes les 5'. Comptez combien de fois votre pied droit touche le sol en 15''. Essayez petit à petit d'atteindre 22 à 23 appuis par pied toutes les 15 secondes.

**RC :** 5' à FC1.

### Jour 3

**E :** 15' à FC1-3 + 4 x 30'' d'accélération progressive jusqu'à une vitesse modérée avec 1' IR.

**CS :** 4-6 x 2' à V4 avec 2' IR.

**RC :** 5' à FC1.

### Jour 4

**E :** 5-10' à FC2.

**CS :** 20-45' à FC2. Relevez votre cadence toutes les 5'. Comptez combien de fois votre pied droit touche le sol en 15''. Essayez petit à petit d'atteindre 22 à 23 appuis par pied toutes les 15''.

**RC :** 5' à FC1.

**Jour 5**

**E :** 5' en passant de FC1 à FC2.

**CS :** 10-40' à FC2 puis 10' à V1.

**RC :** 5-10' à FC1-2.

**Jour 6**

**E :** 5' en passant de FC1 à FC2.

**CS :** 30-65' à FC2. Relevez votre cadence toutes les 5'. La séance d'aujourd'hui doit faire 10-15 minutes de plus que votre sortie la plus longue des trois dernières semaines.

**RC :** 5' à FC1.

**Jour 7** Repos

## PHASE 1 – SEMAINE 2

**Jour 1**

**E :** 5-10' de FC1 à FC2.

**CS :** 10-35' à FC2. Terminez par 6 × 10" d'accélération avec 1-2' IR en marchant. Essayez de terminer les accélérations en dépassant V7.

**RC :** 5' in FC1.

***Jour 2**

**E :** 5-10' de FC1 à FC2.

**CS :** 20-45' à FC2. Relevez votre cadence toutes les 5'. Comptez combien de fois votre pied droit touche le sol en 15". Essayez petit à petit d'atteindre 22 à 23 appuis par pied toutes les 15".

**RC :** 5' à FC1.

**Jour 3**

**E :** 15’ à FC1-2 + 4 × 3” d’accélération progressive jusqu’à une vitesse modérée avec 1’ IR.

**CS :** 3-4 × 2’ en côte avec 2-3’ IR en fournissant un effort constant et soutenu, mais pas à l’intensité maximale. Fiez-vous à votre idée de la vitesse modérée. Terminez par 3-4 × 2’ à V4 sur le plat avec 2’ IR.

**RC :** 5’ à FC1.

***Jour 4**

**E :** 5’ de FC1 à FC2.

**CS :** 10-30’ à FC2. Relevez votre cadence toutes les 5’.

**RC :** 5’ à FC1.

**Jour 5**

**E :** 15’ en accélérant progressivement pour arriver à FC3.

**CS :** 2-3 × 5’ à FC3 avec 2’ IR. Terminez par 5 × 20” à vitesse modérée avec 1’ IR.

**RC :** 5-10’ à FC1-2.

**Jour 6**

**E :** 5-10’ de FC1 à FC2.

**CS :** séance longue à FC2 avec 10 à 15’ de plus que la plus longue sortie de la semaine précédente. Relevez votre cadence toutes les 5’.

**RC :** 5’ à FC1.

**Jour 7** Repos

## PHASE 1 – SEMAINE 3

### Jour 1

**E :** 10' à FC1-2.

**CS :** 20-45' à FC2 avec 10-20" d'accélération à vitesse modérée toutes les 5'. Fiez-vous à votre idée de la vitesse modérée et revenez à FC2.

**RC :** 5' à FC1.

### *Jour 2

**E :** 5-10' de FC1 à FC2.

**CS :** 20-45' à FC2. Relevez votre cadence toutes les 5'. Comptez combien de fois votre pied droit touche le sol en 15". Essayez petit à petit d'atteindre 22 à 23 appuis par pied toutes les 15 secondes.

**RC :** 5' à FC1.

### Jour 3

**E :** 15' à FC1-2 + 4 × 30" d'accélération modérée avec 1' IR.

**CS :** 6-8 × 2' à V4 avec 2' IR.

**RC :** 5' à FC1.

### *Jour 4

**E :** 5' à FC1.

**CS :** séance courte de récupération à FC1-2.

**RC :** 5' à FC1.

### Jour 5

**E :** 15' à FC1-2 + 4 × 30" d'accélération modérée avec 1' IR.

**CS :** 3-5 × 1' à V6-7 avec 1-2' IR. 3-5 × 30" d'accélération en dépassant V7 avec 2' IR.

**RC :** 5' à FC1.

**Jour 6**

**E :** 5-10' de FC1 à FC2.

**CS :** séance longue à FC2 avec 10 à 15' de plus que votre sortie la plus longue de la semaine dernière. Soyez patient et résistez à l'envie d'accélérer.

**RC :** 5' à FC1.

**Jour 7** Repos

## PHASE 1 – SEMAINE 4

**Jour 1**

**E :** 10' à FC1-2.

**CS :** 15-30" à FC2. Relevez votre cadence toutes les 5'. Comptez combien de fois votre pied droit touche le sol en 15".
Essayez petit à petit d'atteindre 22 à 23 appuis par pied toutes les 15".

**RC :** 5' à FC1.

***Jour 2**

**E :** 5' à FC1.

**CS :** séance courte de récupération à FC1-2. Supprimez cette séance si vous vous sentez fatigué. Soyez à l'écoute de votre corps.

**RC :** 5' à FC1.

**Jour 3**

**E :** 15' à FC1-2 + 4 × 30" d'accélération modérée avec 1' IR.

**CS :** 15-30' à V1.

**RC :** 5' à FC1.

**Jour 4** Repos

**Jour 5**

**E :** 10' à FC1-2.

**CS :** 15-30' à FC2 en travaillant la cadence et la gestuelle.

**RC :** 5' à FC1.

**Jour 6**

**E :** 5-10' de FC1 à FC2.

**CS :** séance longue à FC2. N'ajoutez rien. La durée doit être la même que celle de la séance longue de la semaine 2.

**RC :** 5' à FC1.

**Jour 7** Repos

## PHASE 1 – SEMAINE 5

**Jour 1**

**E :** 15' à FC1-3 + 4 × 30" d'accélération modérée avec 1' IR.

**CS :** 3 × 5' à FC5 avec 2' IR.

**RC :** 5' à FC1.

**Jour 2**

**E :** 15’ à FC1-3 + 4 × 30” d’accélération modérée avec 1’ IR.

**CS :** 5-8 × 10” de sprint rapide avec 1-2’ IR. Fiez-vous à ce qui vous paraît rapide et amusez-vous. Si cette séance vous paraît trop dure, c’est que vous allez trop vite.

**RC :** 5’ à FC1.

***Jour 3**

**E :** 5-10’ de FC1 à FC2.

**CS :** 15-40’ à FC2. Relevez votre cadence toutes les 5’.

**RC :** 5’ à FC1.

**Jour 4**

**E :** 15’ à FC1-2 + 4 × 30” d’accélération modérée avec 1’ IR.

**CS :** 5-8 × 60-90” en côte avec 2-3’ IR. L’effort doit être intense et constant, mais pas maximal. Adoptez l’allure qui vous paraît moyennement rapide.

**RC :** 5’ à FC1.

***Jour 5**

**E :** 5-10’ de FC1 à FC2.

**CS :** 10-20’ à FC3.

**RC :** 5’ à FC1.

**Jour 6**

**E :** 5-10’ de FC1 à FC2.

**CS :** séance longue à FC2 avec travail de la cadence. Faites 15' de plus que lors de la séance de la semaine 3.

**RC :** 5' à FC1.

**Jour 7** Repos

## PHASE 1 – SEMAINE 6

**Jour 1**

**E :** 5-10' de FC1 à FC2.

**CS :** 20-45' à FC2. Relevez votre cadence toutes les 5'. Comptez combien de fois votre pied droit touche le sol en 15''.
Essayez petit à petit d'atteindre 22 à 23 appuis par pied toutes les 15''.

**RC :** 5' à FC1.

**Jour 2**

**E :** 15' à FC1-3 + 4 × 30'' d'accélération modérée avec 1' IR.

**CS :** 4 × 5' à FC5 avec 2' IR.

**RC :** 5' à FC1.

***Jour 3**

**E :** 5' à FC1.

**CS :** séance courte de récupération à FC1-2. Supprimez cette séance si vous vous sentez fatigué. Soyez à l'écoute de votre corps.

**RC :** 5' à FC1.

**Jour 4**

**E :** 15' à FC1-3 + 4 × 30'' d'accélération modérée avec 1' IR.

**CS :** 4-5 × 10'' de sprint rapide avec 1-2' IR. Fiez-vous à ce qui vous paraît rapide. 4-6 × 1' à V7 avec 2' IR.

**RC :** 5' à FC1.

***Jour 5**

**E :** 5-10' de FC1 à FC2.

**CS :** 10-30' à FC2. Relevez votre cadence toutes les 5'.

**RC :** 5' à FC1.

**Jour 6**

**E :** 5-10' de FC1 à FC2.

**CS :** séance longue à FC2. Terminez par 15-30' à FC3. Faites 15' de plus que lors de la séance longue de la semaine 5.

**RC :** 5' à FC1.

**Jour 7** Repos

## PHASE 1 – SEMAINE 7

***Jour 1**

**E :** 5-10' de FC1 à FC2.

**CS :** 20-45' à FC2. Relevez votre cadence toutes les 5'. Comptez combien de fois votre pied droit touche le sol en 15". Essayez petit à petit d'atteindre 22 à 23 appuis par pied toutes les 15".

**RC :** 5' à FC1.

**Jour 2**

**E :** 10' à FC1-2.

**CS :** 20-45' à FC2 en travaillant la cadence avec 10-20" de sprint à vitesse moyenne toutes les 5'. Fiez-vous à ce qui vous paraît être une vitesse moyenne.

**RC :** 5' à FC1.

**Jour 3**

**E :** 15' à FC1-3 + 4 × 30" d'accélération modérée avec 1' IR.

**CS :** 4-6 × 3' à V4 avec 2' IR.

**RC :** 5' à FC1.

***Jour 4**

**E :** 5-10' de FC1 à FC2.

**CS :** 15-40' à FC2. Relevez votre cadence toutes les 5'.

**RC :** 5' à FC1.

**Jour 5**

**E :** 15' à FC1-2 + 4 × 30" d'accélération modérée avec 1' IR.

**CS :** 6-10 × 60-90" en côte avec 2-3' IR. L'effort doit être intense et constant, mais pas maximal. Adoptez l'allure qui vous paraît moyennement rapide.

**RC :** 5' à FC1.

**Jour 6**

**E :** 5-10' de FC1 à FC2.

**CS :** séance longue à FC2-3. Adaptez l'intensité de l'effort à vos sensations. Faites 15' de plus que lors de la séance longue de la semaine 6, sans dépasser 3 heures.

**RC :** 5' à FC1.

**Jour 7** Repos

## PHASE 1 – SEMAINE 8

***Jour 1**

**E :** 5-10' de FC1 à FC2.

**CS :** 15-30' à FC2. Relevez votre cadence toutes les 5'.

**RC :** 5' à FC1.

**Jour 2** Repos

**Jour 3**

**E :** 5-10' de FC1 à FC2.

**CS :** 20-45' à FC2-3 suivant vos sensations.

**RC :** 5' à FC1.

**Jour 4**

**E :** 5-10' de FC1 à FC2.

**CS :** 20-40' à V1.

**RC :** 5' à FC1.

**Jour 5** Repos

**Jour 6**

**E :** 5-10' de FC1 à FC2.

**CS :** séance longue à FC2. N'ajoutez rien aujourd'hui. La durée doit être la même que celle de la séance longue de la semaine 5.

**RC :** 5' à FC1.

**Jour 7** Repos

## PHASE 1 – SEMAINE 9

**Jour 1**

**E :** 15' à FC1-3 + 4 × 30'' d'accélération modérée avec 1' IR.

**CS :** 3-4 × 8' à FC5 avec 3' IR.

**RC :** 5' à FC1.

***Jour 2**

**E :** 5-10' de FC1 à FC2.

**CS :** 15-40' à FC2.

**RC :** 5' à FC1.

**Jour 3**

**E :** 5-10' de FC1 à FC2.

**CS :** FC2-3. Terminez par 5-6 × 10'' de sprint sur le plat, en côte ou les deux avec 1' IR.

**RC :** 5' à FC1.

**Jour 4**

**E :** 15' à FC1-3 + 4 × 30'' d'accélération modérée avec 1' IR.

**CS :** 4-6 × 4' à V4 avec 3' IR.
**RC :** 5' à FC1.

***Jour 5**
**E :** 5-10' de FC1 à FC2.
**CS :** séance de récupération à FC1-2 ou repos.
**RC :** 5' à FC1.

**Jour 6**
**E :** 5-10' de FC1 à FC2.
**CS :** séance longue à FC2-3. Faites 10 à 15' de plus que lors de la séance longue de la semaine 7 sans dépasser 3 heures.
**RC :** 5' à FC1.

**Jour 7** Repos

## PHASE 1 – SEMAINE 10

**Jour 1**
**E :** 5-10' de FC1 à FC2.
**CS :** 15-40' à FC2-3.
**RC :** 5' à FC1.

**Jour 2**
**E :** 15' à FC1-3 + 4 × 30" d'accélération modérée avec 1' IR.
**CS :** 4 × 5' à FC5-6 avec 3' IR.
**RC :** 5' à FC1.

***Jour 3**

**E :** 5-10' de FC1 à FC2.

**CS :** 15-40' à FC2.

**RC :** 5' à FC1.

**Jour 4**

**E :** 15' à FC1-2 + 4 × 30'' d'accélération modérée avec 1' IR.

**CS :** 4-5 × 2' en côte. L'effort doit être intense et constant. Courez aux sensations sans contrôler la FC et récupérez dans la descente. 3-5 × 1' à V6-7 avec 1-2' IR.

**RC :** 5' à FC1.

***Jour 5**

**E :** 5-10' de FC1 à FC2.

**CS :** séance courte de récupération à FC1-2 ou repos.

**RC :** 5' à FC1.

**Jour 6**

**E :** 5-10' de FC1 à FC2.

**CS :** séance longue à FC2-3. Terminez par 10-20' à FC4-5. La durée doit être la même que celle de la sortie longue de la semaine 9.

**RC :** 5' à FC1.

**Jour 7** Repos

## PHASE 1 – SEMAINE 11

### Jour 1

**E :** 5-10’ de FC1 à FC2.
**CS :** 15-40’ à FC2.
**RC :** 5’ à FC1.

### *Jour 2

**E :** 5-10’ de FC1 à FC2.
**CS :** 15-40’ à FC2.
**RC :** 5’ à FC1.

### Jour 3

**E :** 15’ à FC1-2 + 4 × 30” d’accélération modérée avec 1’ IR.
**CS :** 4-6 × 4’ à V4 avec 3’ IR.
**RC :** 5’ à FC1.

### *Jour 4

**E :** 5-10’ de FC1 à FC2.
**CS :** séance courte de récupération à FC1-2 ou repos.
**RC :** 5’ à FC1.

### Jour 5

**E :** 15-30’ à FC1-3 + 4 × 30” d’accélération modérée avec 1’ IR.
**CS :** 6-8 × 15-20” de sprint rapide avec 2’ IR.
**RC :** 5’ à FC1.

**Jour 6**

**E :** 5-10' de FC1 à FC2.

**CS :** séance longue à FC2-3 avec 10" à allure moyennement rapide toutes les 8-10'. Faites 15' de plus que lors de la séance longue de la semaine 9 sans dépasser 3 heures.

**RC :** 5' à FC1.

**Jour 7** Repos

## PHASE 1 – SEMAINE 12

**Jour 1** Repos

**Jour 2**

**E :** 20-25' à FC1-3 + 4 × 30" d'accélération modérée avec 1' IR.

**TEST :** sur une piste d'athlétisme, procédez au test du *mile* que vous avez fait au début du programme. Ajustez vos zones d'entraînement en fonction du résultat avant d'entamer la phase 2.

**RC :** 5' à FC1.

***Jour 3**

**E :** 5-10' de FC1 à FC2.

**CS :** séance courte de récupération à FC1-2 ou repos.

**RC :** 5' à FC1.

***Jour 4**

**E :** 5-10’ de FC1 à FC2.

**CS :** 15-30’ à FC2.

**RC :** 5’ à FC1.

**Jour 5**

**E :** 15’ à FC1-3 + 4 × 30’’ d’accélération modérée avec 1’ IR.

**TEST :** sur une piste d’athlétisme, faites le test de 20 minutes et ajustez vos zones d’entraînement en fonction du résultat avant d’entamer la phase 2.

**RC :** 5’ à FC1.

**Jour 6**

**E :** 5-10’ de FC1 à FC2.

**CS :** FC2-3 suivant vos sensations. Réduisez de 50 à 60 % par rapport à votre séance la plus longue de la phase 1.

**RC :** 5’ à FC1.

**Jour 7** Repos

## PHASE 2 – SEMAINE 1

***Jour 1**

**E :** 10’ à FC1-2.

**CS :** 20-45’ à FC2.

**RC :** 5’ à FC1.

**Jour 2**

**E :** 15’ à FC1-3 + 4 × 30” d’accélération modérée avec 1’ IR.

**CS :** 3-5 × 3’ à V6 avec 3’ IR.

**RC :** 5’ à FC1.

***Jour 3**

**E :** 5’ à FC1.

**CS :** séance courte de récupération à FC1-2 ou repos.

**RC :** 5’ à FC1.

**Jour 4**

**E :** 10’ à FC1-2.

**CS :** 15-40’ à FC2. Terminez par 5-8 × 10” de sprint avec 1’ IR.

**RC :** 5’ à FC1.

**Jour 5**

**E :** 15’ à FC1-3 + 4 × 30” d’accélération modérée avec 1’ IR.

**CS :** 20-30’ à FC5. Soyez le plus constant possible.

**RC :** 5’ à FC1.

**Jour 6**

**E :** 15' à FC1-2.

**CS :** séance moyenne à FC2-3. Restez aussi longtemps que possible à FC3. La durée ne doit pas dépasser 60 à 70 % de la séance la plus longue de la phase 1.

**RC :** 5' à FC1.

**Jour 7** Repos

## PHASE 2 – SEMAINE 2

**Jour 1**

**E :** 10' à FC1-2.

**CS :** 20-45' à FC2.

**RC :** 5' à FC1.

***Jour 2**

**E :** 10' à FC1-2.

**CS :** 20-45' à FC2.

**RC :** 5' à FC1.

**Jour 3**

**E :** 15' à FC1-3 + 4 × 30" d'accélération modérée avec 1' IR.

**CS :** 4-5 × 4' à V5 avec 4' IR.

**RC :** 5' à FC1.

***Jour 4**

**E :** 5' à FC1.

**CS :** séance courte à FC1-2 ou repos.
**RC :** 5' à FC1.

**Jour 5**
**E :** 10' à FC1-2.
**CS :** 15-30' à V2.
**RC :** 5' à FC1.

**Jour 6**
**E :** 30' à FC1-3.
**CS :** 20-40' en terrain vallonné à FC3-5 suivant la déclivité. Il ne s'agit pas d'une séance longue. La durée ne doit pas dépasser 60 à 70 % de la séance la plus longue de la phase 1. Allongez la durée à FC2-3 pour arriver au temps total prévu aujourd'hui.
**RC :** 5' à FC1.

**Jour 7** Repos

## PHASE 2 – SEMAINE 3

**Jour 1**
**E :** 10' à FC1-2.
**CS :** 20-45' à FC2.
**RC :** 5' à FC1.

**Jour 2**
**E :** 15' à FC1-3 + 4 × 30" d'accélération modérée avec 1' IR.
**CS :** 5-8 × 2' à V7 avec 2' IR.

**RC :** 5' à FC1.

***Jour 3**

**E :** 5' à FC1.
**CS :** séance courte à FC1-2 ou repos.
**RC :** 5' à FC1.

**Jour 4**

**E :** 15' à FC1-3 + 4 × 30" d'accélération modérée avec 1' IR.

**CS :** 2-4 × 6-8' à FC6 avec 3' IR. Laissez la fréquence cardiaque augmenter pendant une minute ou deux puis stabilisez-la.

**RC :** 5' à FC1.

***Jour 5**

**E :** 10' à FC1-2.
**CS :** 20-40' à V1.
**RC :** 5' à FC1.

**Jour 6**

**E :** 30' à FC1-3.

**CS :** 5 × 1' rapide en côte avec 2-3' IR. Fiez-vous à ce qui vous semble rapide et maintenez une allure constante dans chaque répétition. Passez ensuite un moment à FC2-5 en terrain vallonné puis finissez par 5 × 1' rapide en côte avec 2-3' IR.

La durée ne doit pas dépasser 60 à 70 % de la séance la plus longue de la phase 1.

**RC :** 5' à FC1.

**Jour 7** Repos

## PHASE 2 – SEMAINE 4

**Jour 1**

**E :** 10’ à FC1-2.
**CS :** 20-45’ à FC2.
**RC :** 5’ à FC1.

**Jour 2** Repos

***Jour 3**

**E :** 10’ à FC1-2.
**CS :** 20-40’ à FC2-3.
**RC :** 5’ à FC1.

**Jour 4**

**E :** 10’ à FC1-2.
**CS :** 20-40’ à V1.
**RC :** 5’ à FC1.

**Jour 5** Repos

**Jour 6**

**E :** 30’ à FC1-3.

**CS :** 30-40’ en terrain vallonné à FC3-5 suivant la déclivité. La durée ne doit pas dépasser 50 % de votre séance la plus longue de la phase 1.

**RC :** 5’ à FC1.

**Jour 7** Repos

## PHASE 2 – SEMAINE 5

**Jour 1**

**E :** 10’ à FC1-2.

**CS :** 20-45’ à V1.

**RC :** 5’ à FC1.

***Jour 2**

**E :** 10’ à FC1-2.

**CS :** 20-40’ à FC2-3.

**RC :** 5’ à FC1.

**Jour 3**

**E :** 15’ à FC1-3 + 4 × 30” d’accélération modérée avec 1’ IR.

**CS :** 4-6 × 3’ à V6 avec 3’ IR.

**RC :** 5’ à FC1.

***Jour 4**

**E :** 5’ à FC1.

**CS :** séance courte de récupération à FC1-2 ou repos.

**RC :** 5’ à FC1.

**Jour 5**

**E :** 15’ à FC1-3 + 4 × 30” d’accélération modérée avec 1’ IR.

**CS :** 20-40’ à FC5. Soyez aussi constant que possible.

**RC :** 5’ à FC1.

**Jour 6**

**E :** 20-30' à FC1-3.

**CS :** 20-40' en terrain vallonné à FC3-5 suivant la déclivité. Ça ne doit pas être une séance longue. La durée ne doit pas dépasser 60 à 70 % de la séance la plus longue de la phase 1. Prolongez à FC2-3 pour arriver au temps total prévu aujourd'hui.

**RC :** 5' à FC1.

**Jour 7** Repos

## PHASE 2 – SEMAINE 6

**Jour 1**

**E :** 10' à FC1-2.

**CS :** 20-40' à FC2.

**RC :** 5' à FC1.

**Jour 2**

**E :** 15' à FC1-3 + 4 × 30'' d'accélération modérée avec 1' IR.

**CS :** 5-6 × 4' à V5 avec 4' IR.

**RC :** 5' à FC1.

***Jour 3**

**E :** 5' à FC1.

**CS :** séance courte de récupération à FC1-2 ou repos.

**RC :** 5' à FC1.

**Jour 4**

**E :** 15’ à FC1-3 + 4 × 30” d’accélération modérée avec l’ IR.

**CS :** 10-20’ à FC6.

**RC :** 5’ à FC1.

***Jour 5**

**E :** 5’ in FC1.

**CS :** séance courte de récupération à FC1-2 ou repos.

**RC :** 5’ à FC1.

**Jour 6**

**E :** 30’ à FC1-3.

**CS :** 40-60’ en terrain vallonné à FC4-6 en montée et FC1-3 en descente. Il ne s’agit pas d’une séance longue. La durée ne doit pas dépasser 60 à 70 % de votre séance la plus longue de la phase 1.

**RC :** 5’ à FC1.

**Jour 7** Repos

## PHASE 2 – SEMAINE 7

***Jour 1**

**E :** 10’ à FC1-2.

**CS :** 20-40’ à FC2.

**RC :** 5’ à FC1.

**Jour 2**

**E :** 15' à FC1-3 + 4 × 30" d'accélération modérée avec 1' IR.

**CS :** 6-10 × 2' à V7 avec 2' IR.

**RC :** 5' à FC1.

***Jour 3**

**E :** 5' à FC1.

**CS :** séance courte de récupération à FC1-2 ou repos.

**RC :** 5' à FC1.

**Jour 4**

**E :** 15' à FC1-3 + 4 × 30" d'accélération modérée avec 1' IR.

**CS :** 10-20' à FC6.

**RC :** 5' à FC1.

**Jour 5**

**E :** 5' à FC1.

**CS :** séance courte de récupération à FC1-2.

**RC :** 5' à FC1.

**Jour 6**

**E :** 30' à FC1-3.

**CS :** 40-60' en terrain vallonné à FC4-6 en montée et à FC1-3 en descente. Il ne s'agit pas d'une séance longue. La durée ne doit pas dépasser 60 à 70 % de votre séance la plus longue de la phase 1.

**RC :** 5' à FC1.

**Jour 7** Repos

## PHASE 2 – SEMAINE 8

**Jour 1**

**E :** 5' à FC1.
**CS :** séance courte de récupération à FC1-2.
**RC :** 5' à FC1.

**Jour 2** Repos

**Jour 3**

**E :** 10' à FC1-2.
**CS :** 20-40' à FC2.
**RC :** 5' à FC1.

**Jour 4**

**E :** 10' à FC1-2.
**CS :** 20-40' à FC2.
**RC :** 5' à FC1.

**Jour 5** Repos

**Jour 6**

**E :** 30' à FC1-3.
**CS :** 30-40' en terrain vallonné entre FC3 et 5. Essayez de rester dans ces zones quel que soit le terrain. Il ne s'agit pas d'une séance longue. La durée ne doit pas dépasser 50 à 60 % de votre séance la plus longue de la phase 1.

**RC :** 5’ à FC1.

**Jour 7** Repos

## PHASE 2 – SEMAINE 9

## SEMAINE DE TEST FACULTATIVE

**Jour 1** Repos

**Jour 2**

**E :** 20-25’ à FC1-3 + 4 × 30’’ d’accélération modérée avec 1’ IR.

**TEST :** sur une piste d’athlétisme, refaites le test du *mile* du début du programme.

**RC :** 5’ à FC1.

***Jour 3**

**E :** 5’ à FC1.

**CS :** séance courte de récupération à FC1-2.

**RC :** 5’ à FC1.

**Jour 4**

**E :** 10’ à FC1-2.

**CS :** 15-20’ à FC2.

**RC :** 5’ à FC1.

**Jour 5**

**E :** 15’ à FC1-3 + 4 × 30’’ d’accélération modérée avec 1’ IR.

**TEST :** sur une piste d'athlétisme, refaites le test de 20 minutes et ajustez vos zones d'entraînement.

**RC :** 5' à FC1.

**Jour 6**

**E :** 5-10' de FC1 à FC2.

**CS :** FC2-3 suivant vos sensations. Cette séance doit être 50 % plus courte que votre séance la plus longue de la phase 1.

**RC :** 5' à FC1.

**Jour 7** Repos

## CONSEILS D'AUTORÉGULATION

Souvenez-vous qu'avec les zones spécifiques, le plan d'entraînement est adapté à votre forme et à vos capacités du moment, mais il est extrêmement compliqué de concevoir un programme unique avec des temps, des intensités, des distances et des fréquences d'entraînement qui fonctionnent pour tout le monde, du débutant au coureur de haut niveau. Peut-être n'êtes-vous pas prêt à vous entraîner six jours par semaine. Peut-être la première séance de 45 minutes est-elle trop courte (si vous êtes un coureur d'expérience) ou trop longue (si vous êtes débutant). Peut-être souhaiterez-vous ajouter des sorties au fil de votre progression.

Tout ça est non seulement possible, mais nécessaire. Il faut être à l'écoute de votre corps et évaluer vos capacités de façon suffisamment objective pour personnaliser votre programme. Au fil de votre progression, vous allez prendre conscience de ce dont vous êtes capable et adapter la charge quotidienne et hebdomadaire en fonction de ces capacités et du temps dont vous disposez pour vous entraîner. À mesure que vous avancerez dans le programme, ces capacités vont évoluer. Vous pourrez alors ajouter des séances et les prolonger.

Voici quelques conseils pour vous aider à personnaliser le programme. Vous seul connaissez votre corps et son histoire. Vous seul savez ce dont vous avez besoin pour réaliser votre Grand Projet. Appropriez-vous tout ça, soyez attentif et adaptez-vous suivant ce que vous ressentez.

**1. Échauffement** – Incorporez aussi souvent que possible des exercices de proprioception ou des enchaînements avec plan incliné (et disque de stabilité) dans la phase d'échauffement du programme. Ça contribuera à la mise en action musculaire et vous aidera à rester assidu dans le renforcement du pied. D'un jour sur l'autre, utilisez alternativement le plan incliné et le disque de stabilité. Vous pouvez le faire avant n'importe quelle séance, mais ça ne doit pas remplacer le renforcement de la jambe quand vous avez le temps de le faire.

**2. Allure continue** – Le premier jour, je vous fais commencer par un entraînement à allure continue de 20 à 45 minutes (ce qui fait un total de 35 à 60 avec l'échauffement et le retour au calme). Si vous êtes débutant ou n'avez que peu d'expérience des longues distances, une sortie de 15 à 20 minutes (30 à 35 minutes au total) vous conviendra peut-être mieux. Si vous êtes un coureur d'expérience, vous voudrez sans doute rester à allure continue de 45 à 60 minutes (60 à 75 minutes au total). Mais, au fil de votre progression, vous devriez être en mesure de prolonger les séances. Soyez à l'écoute de votre corps et adaptez vos efforts à vos sensations.

**3. Gestion du fractionné** – Le troisième jour, le nombre de répétitions à effectuer est au choix. Les débutants doivent choisir le bas de la fourchette, et les coureurs expérimentés, le haut. Soyez là aussi à l'écoute et attentif.

**4. Six séances par semaine ou pas** (le rôle de l'astérisque) – Si vous êtes un coureur expérimenté, vous êtes sans doute habitué à courir six jours par semaine. Si vous êtes débutant, la perspective d'une unique journée de repos au cours de la première semaine risque de vous faire pâlir. Le fait est que, si vous débutez vraiment, vous n'aurez probablement pas la force ou l'endurance nécessaire pour faire toutes ces séances. Mieux vaut ne pas essayer d'en faire autant d'emblée. Voyez plutôt ça comme un objectif. Commencez par trois ou quatre séances par semaine et augmentez petit à petit quand vous vous sentez prêt.

Pour vous aider à personnaliser le programme, j'ai signalé les séances optionnelles par un astérisque.

Intégrez-les quand ça vous paraîtra possible. Quel que soit votre choix, respectez scrupuleusement la programmation de la semaine, l'intervalle entre les séances et les intensités.

**5. Intervalle de récupération** – Accordez-vous suffisamment de repos pour pouvoir faire correctement la répétition suivante. Ne négligez pas la récupération, qui est une phase importante du travail. Dans le doute, optez pour la prudence et reposez-vous davantage. En règle générale, plus les répétitions sont intenses, plus le repos doit être important. À l'intensité maximale, marchez pendant toute la durée de l'intervalle de récupération ou alternez marche et course lente. À une intensité moindre, trottinez jusqu'à ce que votre fréquence cardiaque redescende dans la zone 1 ou 2.

**6. Respiration** – Quand vous trottinez, je vous conseille une inspiration pour une expiration. Quand l'intensité approche du seuil, je recommande deux inspirations pour une expiration. Lorsque vous êtes proche de l'effort maximum, essayer de passer à deux inspirations pour deux expirations. Une fois de plus, faites en fonction de ce qui vous semble fonctionner le mieux pour vous.

**7. Séance manquée** – Voilà ce que je conseille en général à mes athlètes : si vous devez sauter une ou deux séances à cause d'un problème de santé, d'un manque de temps ou de la météo, faites-le sans rien changer à la suite ni au contenu des séances.

Si vous devez en sauter trois ou quatre, voire la semaine entière, décalez-la à la suivante et reprenez où vous en êtes resté.

**8. Trailers** – ceux qui font leurs séances à FC2-3 dans la nature doivent savoir qu'il sera difficile de maintenir un effort constant en terrain vallonné. Vous allez fournir trop d'efforts en montée et pas assez en descente. Lors de ces sorties, vous pouvez aller jusqu'à FC5, ce qui reste un effort aérobie, mais ça ne correspondra pas tout à fait au but recherché à ces intensités. Essayez autant que possible de diminuer l'intensité en montée ou même de marcher. Si vous faites la plupart de vos séances sur sentier, je vous encourage à aller de temps en temps sur la route pour travailler la cadence, l'économie et l'endurance aérobie à plat. Dans la phase 1, faites quelques compromis et réalisez certaines de vos sorties longues, propices à la combustion des graisses, sur route ou sur sentier roulant pour en tirer le maximum de bénéfices. Réservez le terrain vallonné aux séances d'intensité plus forte.

## AUTOÉVALUATION DE LA FRÉQUENCE CARDIAQUE

Avec votre magnifique cardiofréquencemètre, vous allez pouvoir mesurer les effets de l'entraînement sur votre organisme. Lisez ces lignes attentivement. Il s'agit de connaissances précieuses.

Voilà quelques éléments clés à surveiller pendant la réalisation du programme :

- Si votre fréquence cardiaque est plus basse que d'habitude et que l'effort vous paraît plus intense, c'est sans doute dû à la fatigue. Il vous faut du repos et de la relaxation. Ralentissez ou sautez une séance.

- Si votre fréquence cardiaque est plus basse que d'habitude et qu'elle augmente difficilement, même quand vous forcez l'allure, c'est sûrement que vous êtes à court de carburant. Mangez quelque chose et voyez ce que ça donne.

- Les fortes chaleurs auront un effet sur votre fréquence cardiaque et votre vitesse. Adaptez-vous aux conditions. Ralentissez, diminuez l'intensité ou faites-vous à l'idée que votre fréquence sera plus élevée.

- Le froid intense a, lui aussi, un effet sur la fréquence cardiaque. Il peut faire baisser votre moyenne de 5 à 7 pulsations. Ne forcez pas l'allure pour la faire remonter. C'est très bien qu'elle baisse quand il fait froid.

- Mesurez votre fréquence cardiaque au repos chaque semaine. Faites-le de deux à cinq minutes, le matin, avant même de vous lever. Plus elle est basse, mieux c'est. Voyez s'il y a une amélioration à mesure que vous avancez dans le programme.

## L'ATTENTION FONDAMENTALE

Bien ! Nous sommes toujours sur le bord du lac Phelps et vous savez maintenant tout ce que vous devez savoir ou presque sur le socle stratégique foncier. Je vous ai expliqué l'ensemble du programme et vous êtes prêt à vous lancer.

Observez une dernière fois l'eau cristalline des alpages et rebroussons chemin. Attendez ! Là, sur la gauche, vous le voyez ? Un petit ours noir… Mignon, n'est-ce pas ? Mieux vaut ne pas traîner. Maman ourse n'est sûrement pas bien loin. Heureusement qu'il ne s'agit pas d'un bébé grizzly. Votre cœur se serait sans doute emballé. Continuez à marcher. Je voudrais vous donner un dernier petit conseil.

Quand vous serez au beau milieu du programme, je veux que vous soyez très attentif, très à l'écoute de votre corps, de la façon dont vous percevez l'effort au niveau musculaire et respiratoire, de ce que vous ressentez dans chacune des zones. Ayez réellement conscience de la façon dont votre corps réagit à chaque étape.

Vous êtes peut-être de ceux qui aiment laisser leur esprit divaguer en courant, ou écouter de la musique. Très bien. Rêvez autant que vous voulez, mais que ça ne vous empêche pas de rester attentif à vos sensations. En fait, j'aimerais vous faire comprendre qu'on est tout aussi libre quand on se focalise sur son corps, sur sa respiration, sa fréquence cardiaque, sa cadence ou sa gestuelle. Cette conscience est l'une des clés des qualités athlétiques. La stimuler vous aidera à adapter le programme à vos besoins, à savoir quand vous pouvez forcer et quand il vaut mieux éviter. Elle vous aidera aussi à faire face aux douleurs et à la fatigue. Cette conscience sera particulièrement payante en course, parce que vous saurez trouver votre rythme et gérer votre effort jusqu'à la ligne d'arrivée.

Enfin, être attentif tout au long du programme vous donnera une confiance et une connaissance de votre corps telles que rien ne vous paraîtra impossible. Vous connaîtrez votre valeur et votre marge de progression.

## Chapitre VI

# BIEN MANGER POUR BIEN COURIR

Venez donc déjeuner avec moi au Lotus Café. C'est l'un de mes restaurants préférés, un temple de la gastronomie bio de montagne qui en dit assez long sur ce qu'est Jackson Hole.

Vous semblez frais et dispos. Ça fait du bien de se lever tard et de prendre une matinée de repos, non ? N'oubliez pas que la façon dont vous traitez votre corps est aussi importante pendant la récupération que pendant l'entraînement. C'est encore plus vrai pour l'alimentation. Le vieil adage qui recommande « de la modération en toutes choses » est un grand classique, mais ça ne conduit selon moi qu'à la médiocrité. Être au mieux de sa forme est un choix et se tenir aux bons choix nutritionnels contribue à l'amélioration des performances.

Les Indiens tarahumaras se nourrissent bien et ils ont beaucoup à nous apprendre. Lors du premier jour que j'ai passé avec eux, quand nous nous sommes lancés dans notre trek de cinquante kilomètres jusqu'à Urique, j'ai d'abord cru qu'ils ne transportaient pas de nourriture et le fait est qu'ils n'avaient pas de système d'hydratation. Légers et infatigables, ils avançaient dans les canyons, kilomètre après kilomètre. À peu près à mi-chemin, Manuel, qui ouvrait la marche, s'est arrêté pour faire une pause. Nous autres, Américains, n'avions cessé de croquer des barres, de piocher dans notre ravitaillement et de téter le tube de nos poches à eau. Les Tarahumaras, eux, n'avaient rien avalé. Manuel s'est tourné vers nous, nous a souri puis a tiré de son pagne un sac de *pinole* (du maïs grillé et moulu qui donne une pâte très nutritive) et des tortillas de maïs. On aurait dit un magicien sortant un lapin de son chapeau. Assis sur une vire d'où il pouvait voir tout le canyon, il s'est confectionné en deux temps trois mouvements un en-cas riche en glucides tout à fait adapté à l'effort à fournir ce jour-là. Tout le monde, moi y compris, l'observait discrètement et personne n'en a perdu une miette.

Maïs, haricots, noix, courges, piments, plantes sauvages, graines de chia, parfois agrémentés de viande de chèvre, de poulet ou de poisson… Voilà de quoi est fait l'ordinaire des Tarahumaras. Ils n'ont besoin de rien d'autre pour accomplir leurs prouesses d'endurance et je suis même convaincu que ce régime contribue réellement à leurs performances.

Suis-je en train de vous dire de manger comme eux ? Pas tout à fait. Je considère que leur régime est un bon exemple, mais je ne vois pas de quel droit j'irais dire ce qu'il faut manger ou pas.

Révolutionnaire ? Pas vraiment… Bien manger n'est pas très compliqué.

Depuis des siècles, le régime des Tarahumaras est fait de choses simples et pas très variées qu'on trouve dans les Copper Canyons, des choses pauvres en sucre et en cholestérol, riches en fibres, en glucides complexes, en vitamines et autres nutriments.

Malgré la monotonie de ce régime, nous ferions sans doute bien de vivre tous au fond d'un canyon, loin de la civilisation, où on ne mange rien d'autre que ce qu'on trouve et ce qu'on peut faire pousser. À l'inverse, la société dans laquelle nous vivons propose une vaste gamme d'aliments pour la plupart raffinés à l'extrême, hyper-sucrés et surdimensionnés. Voilà que je tape du poing sur la table…

Sachez que nous avons le choix de ce que nous mangeons. Nous savons parfaitement ce qui est bon pour nous : les aliments simples, naturels et riches en nutriments. Le tout est de décider de manger de cette façon, d'en faire une habitude et de se tenir à ce choix. Ça demande de la discipline, de l'attention et des connaissances.

Je ne voudrais pas passer pour un censeur, mais beaucoup disent vouloir améliorer leur forme, leur santé, leur silhouette et ne sont pas prêts à faire le nécessaire. Vos actes doivent être en accord avec vos objectifs. On ne peut pas courir le marathon en moins de trois heures en faisant trente kilomètres par semaine. C'est la même chose avec la nourriture : l'assiduité produit les meilleurs résultats. Mangez les bonnes choses avec constance et je vous garantis que les résultats seront spectaculaires. Vous aurez plus d'énergie, vos muscles seront plus secs, votre teint plus éclatant, vos performances s'amélioreront et votre qualité de vie aussi. La discipline n'est pas bonne en elle-même, mais elle apporte des satisfactions qui nous rendent encore plus forts. Paradoxalement, ce sont les plaisirs et le confort que nous craignons de perdre qui nous empêchent d'être heureux. Bon, jetez un œil au menu du Lotus Café. Voyez si quelque chose conviendrait aux Tarahumaras. Dans la journée, je vous donnerai un minicours sur la façon de faire le plein de carburant au quotidien, pour l'entraînement et pour les courses.

Un dernier mot avant que la serveuse ne vienne prendre nos commandes : je ne vous donnerai pas de règles immuables. Ce n'est pas mon rôle et je ne crois pas que ce soit efficace. C'est d'abord quelque chose de mental, une décision consciente que vous devez prendre. Vous pouvez choisir la façon dont vous voulez vous alimenter, décider jusqu'où vous voulez aller dans l'amélioration de votre régime, comme avec l'entraînement. Mieux vous mangerez, mieux vous vous sentirez et plus vous serez performant. L'alimentation a un effet cumulatif, exactement comme la gestuelle et le renforcement.

Je vais vous expliquer en détail comment parvenir à ce que je juge idéal et vous choisirez vous-même ce que vous êtes prêt à faire pour y arriver. C'est mon boulot de coach.

## ALIMENTATION QUOTIDIENNE

Je ne suis pas médecin et je n'ai aucun diplôme supérieur en nutrition. Mon idée de ce qu'il faut manger pour améliorer les performances en course à pied et dans la vie en général s'appuie sur des enseignements scolaires, des participations à des travaux universitaires, des recherches personnelles et sur l'expérience acquise avec mes athlètes. Ce que j'en ai appris, c'est qu'un seul et unique régime nous est bénéfique à tous. Certaines maladies imposent une alimentation spéciale et certaines privations, mais, comme pour l'entraînement, je suis convaincu que nous sommes presque tous identiques et que nous réagissons de la même façon à une nourriture simple et riche en nutriments. Je crois que ce qui suit relève tout simplement du bon sens.

Regardez ce que j'ai commandé au Lotus Café. Nous sommes ensemble depuis quelques jours maintenant et vous n'êtes sans doute pas étonné de me voir à nouveau avec une salade. Celle-ci, c'est ma favorite : riz basmati brun à la noix de coco avec brocolis, poivrons, courgettes, oignons rouges, épinards et carottes sautés, le tout garni de mangue fraîche et d'un peu de viande de bison. Je ne tiens pas le compte des calories ni de la proportion de glucides, de protéines et de graisse. Je fais plutôt à vue de nez, en fonction d'une idée globale et cette idée générale est la suivante.

D'abord, il faut beaucoup de fruits et de légumes biologiques. Il n'y a pas de limite pour ce type de glucides. Avec les lipides, c'est notre principale source d'énergie, immédiate ou pas. Ils sont bons pour les muscles, les reins, le cerveau, le système nerveux et, quand ils sont riches en fibres, c'est souverain pour le transit intestinal. Oubliez tous ces régimes qui vous disent d'éviter les glucides. Faites juste attention à les puiser dans les fruits et les légumes, pas dans les aliments raffinés ou transformés. Ce qu'on veut, ce sont des aliments naturels et riches en nutriments. Il nous faut les vitamines et toutes les bonnes choses qui proviennent des végétaux.

Qu'est que ça donne concrètement ? Eh bien, si vous avez pris un *burrito*, faites-en un *burrito* ouvert ou débarrassez-vous complètement de la tortilla. Toute cette pâte, cette farine raffinée, n'est pas très bonne. Même chose pour le pain blanc. Préférez la version complète ou, mieux encore, passez-vous totalement de pain. Souvenez-vous : on ne veut pas d'un régime sans glucides, mais avec les bons glucides.

Venons-en maintenant aux protéines. Dans tous mes repas, il y a des protéines végétales, de la viande maigre ou du poisson, mais, en général, la portion n'est pas plus grande que la paume de ma main. La viande de bison dans ma salade favorite correspond à peine à cette quantité.

Les protéines constituent et réparent les tissus. C'est la matière première du muscle et, si vous suivez mon programme, vous en utilisez partout où il en manque. J'essaye de m'en tenir à la viande bio provenant d'élevages en plein air et aux poissons sauvages. Une fois de plus, cherchez à manger le plus naturel possible, comme les Tarahumaras (bien que je ne cautionne pas leur technique de pêche à l'explosif).

Pour finir, parlons des lipides. Comme vous voyez, je n'ai pas pris d'avocat aujourd'hui. J'adore ça avec des noix, mais il y a de la graisse dans la viande de bison et les légumes sont certainement sautés dans de l'huile. Même si ce n'est pas le cas, il y a la noix de coco et la délicieuse vinaigrette à l'huile de pépins de raisin. Mon plat est donc loin d'être sans graisse (ce qui est une bonne chose). En général, la graisse a mauvaise réputation. Elle est pourtant nécessaire à l'assimilation des vitamines et à la protection des principaux organes. C'est aussi une source d'énergie et elle procure un sentiment de satisfaction intense. Bref, il ne faut pas oublier que la graisse est un nutriment nécessaire, mais il faut aussi choisir la bonne. Plus elle est naturelle – noix, avocats – mieux c'est. Il ne faut pas non plus en manger trop. Faites attention à la quantité de lipides de votre repas pour savoir s'il faut en ajouter ou non. Ma salade, ici, au Lotus, en contient juste la bonne quantité, je n'ai pas besoin d'ajouter de noix ni d'avocat.

Pour ceux qui préfèrent les chiffres à l'intuition, des études ont montré que le régime des Tarahumaras était composé de 80 % de glucides, de 10 % de protéines et de 10 % de lipides, mais ne vous laissez pas avoir par cette formule, ni par les données caloriques ou les dernières tendances, comme les régimes vegan ou paléo. Je sais très bien qu'il s'agit d'un choix personnel, mais je trouve que ces étiquettes m'empêchent d'apprendre et d'être ouvert, d'expérimenter et de voir quel effet les aliments ont sur moi. Je peux être végétarien un jour et manger de la viande ou des œufs le lendemain.

Plutôt que de parler de glucides, de lipides, de protéines ou de calories et de modes alimentaires, je préfère insister sur la qualité des aliments. Selon la vieille analogie de la voiture, notre corps a besoin de carburant, mais ses performances dépendent du type de carburant qu'on met dans le réservoir. Comme nos cellules se régénèrent en permanence, ce qu'on avale a des conséquences pour chacune d'elles. Pensez-y une minute. Rien ne vous empêche de mettre de l'essence très bas de gamme dans votre voiture. Le réservoir va la garder, la voiture va rouler, mais elle sera poussive et durera moins longtemps. C'est une certitude. Si vous utilisez une essence à fort indice d'octane, le moteur tournera comme une horloge et vous mènera où vous voulez.

Il faut choisir de mettre ce qu'il y a de mieux dans votre réservoir et faire les efforts nécessaires pour vous y tenir. Au début, vous aurez peut-être l'impression de faire des sacrifices, mais mieux vous mangerez, mieux vous vous sentirez, à la fois physiquement et mentalement, et plus vous aurez envie d'aliments sains. Vos choix vont créer un cercle vertueux qui rendra les efforts de moins en moins coûteux et de plus en plus agréables.

### Le régime sans recette d'Eric

Pour vous aider à comprendre comment manger naturellement et simplement, je vais vous décrire une de mes journées sous l'angle alimentaire. Piochez-y ce que vous voulez, mais sachez que je ne suis pas très doué pour suivre les recettes, ni pour en donner. Je préfère improviser avec le stock de denrées de base que j'ai toujours sous la main – des légumes frais et des épices prêtes à l'emploi. C'est moi qui fais la cuisine à la maison, ce qui me permet de m'en tenir à des choses simples et de rester fidèle à mon régime naturel. Je considère d'abord la nourriture comme un carburant, ce qui oriente mes choix au quotidien.

Petit-déjeuner : je commence par un double expresso. C'est un bon moyen de remettre la machine en route et ça fait partie de mon rituel. Je le bois tranquillement sur la terrasse, le regard perdu dans la montagne, en songeant à un aspect de mon Grand Projet et en réfléchissant à ma sortie du jour. Après m'être levé, je laisse en général passer une heure ou deux avant d'avaler mon premier repas. C'est une forme de jeûne qui stimule la vigilance. Quand je me mets à table, c'est souvent devant deux œufs au plat posés sur une tortilla de maïs et garnis d'avocat que j'accompagne d'une banane ou de melon. D'autres jours, c'est une omelette avec un tas de trucs dedans (épinards, choux kale, tomates…) ou un smoothie avec des fruits surgelés, des noix de cajou et des graines de chia.

Déjeuner : des restes. J'adore les restes, surtout au déjeuner. Ça facilite la vie et c'est vite fait. En général, c'est du saumon ou un steak de bison de la veille au soir. J'attrape un bol, je mélange de l'avocat, de l'huile d'olive, des pousses d'épinards pour faire une salade, ou je mets tout ça dans une tortilla de maïs nappée de houmous pour faire un taco à ma façon et je complète avec des fruits.

Collation avant l'entraînement : si je cours le matin, je me contente du petit-déjeuner. Avant les séances longues, j'ajoute de la patate douce à mon omelette et aux fruits ou des flocons d'avoine, suivant la durée et la difficulté du parcours. Pour les séances courtes, le smoothie suffit. Quand je fais ma sortie en début d'après-midi, je m'arrange pour partir une heure après le repas, qui fait office de carburant. Si je pars plus tard, je prends un en-cas trente ou quarante minutes avant, en général une tranche de pain complet avec du beurre d'amandes et des graines de chia ou le délicieux smoothie du petit-déjeuner, lui aussi aux graines de chia.

Dîner : à la maison comme à l'extérieur, je suis un grand amateur de salades, comme vous l'aurez compris. J'aime particulièrement les pousses d'épinards et le chou kale. Ce sont des mines de nutriments. Quand je la prépare moi-même, ma salade préférée est faite de thon poêlé, d'épinards et d'un tas de légumes crus – poivrons rouges, concombre et tomates. Un peu de sel de mer, un avocat, de l'huile d'olive et le repas est prêt. J'aime aussi le saumon avec des patates douces et des asperges.

En-cas : hormis avant l'entraînement, je ne suis pas un grand amateur d'en-cas. Si j'ai faim, je fais un repas complet ou j'avale un smoothie.

Eau et infusions : vous ne me verrez jamais boire un soda et rarement une boisson énergétique. En dehors de mon expresso du matin, je ne bois que de l'eau dans la journée. Le soir, je me fais une tasse d'infusion et je me détends.

## LE DIABLE EST DANS LES RAYONS

Au début, ce ne sera pas facile d'amorcer ce cycle vertueux de l'alimentation saine. Nous allons voir pourquoi, mais finissez d'abord votre déjeuner. Maintenant, venez avec moi. Nous allons prendre la voiture et traverser Jackson pour aller au supermarché. Ils se ressemblent tous et je suis sûr que celui-ci n'est pas très différent du vôtre.

Les portes automatiques s'ouvrent et nous voilà à l'intérieur. Pourquoi se donner la peine d'ouvrir une porte ? Tout ici est fait pour vous faciliter les choses, en particulier les mauvais choix. Faites le tour avec moi. Voyez comme les aliments non transformés – fruits, légumes, viande et poissons frais – sont disposés sur les bords. Comparée à l'ensemble du magasin, la surface qu'ils occupent est presque négligeable. Au cœur du supermarché, en revanche, d'innombrables « aliments » transformés, conditionnés et produits de façon industrielle s'entassent très haut dans les rayons, allée après allée.

Venez avec moi au rayon céréales. Jetez un coup d'œil à ces boîtes couvertes de personnages de bandes dessinées. Maintenant, lisez les données nutritionnelles puis avancez un peu dans le rayon et faites la même chose avec les céréales qui portent le label « nourrissantes et saines ». Dans les deux cas, il y a des quantités astronomiques de ce que je considère comme la drogue la plus répandue et la plus insidieuse de ce pays : le sucre. À mon avis, qui est aussi celui de pas mal d'experts, beaucoup d'entre nous y sont accros comme au tabac ou à l'alcool. La dépendance et les méfaits sont du même ordre. L'abondance de fructose, de sirop de maïs et de saccharose (qu'il provienne de la betterave ou de la canne à sucre) est devenue un véritable problème.

Le sucre est partout en grande quantité dans ce supermarché, des céréales au pain, en passant par les pâtes, les sauces, les jus, les barres chocolatées et les plats préparés. Le diable se cache même dans des produits insoupçonnables. Envie d'un yaourt ? Tenez-vous bien et jetez un œil à la composition. Le *porridge* instantané ? Oui, là-dedans aussi… Même les *bagels* sous vide en sont pleins.

Ces aliments hyper-sucrés sont mauvais pour trois raisons. Un : votre organisme a du mal à assimiler autant de sucre. Certains disent que c'est toxique, en particulier le fructose en grande quantité. Deux : ces aliments ne sont que des calories vides, sans intérêt nutritionnel. Quand on se gave de sucre, on n'a plus ni place ni appétit pour les aliments riches en vitamines, en minéraux et antioxydants qui seraient meilleurs pour notre organisme. Trois : ces produits provoquent une dépendance et poussent à l'excès. Plus on mange de sucre et plus on en redemande.

Si vous consommez beaucoup d'aliments transformés, il est probable que vous avez sans le savoir un problème lié au sucre, mais c'est sans doute le cas aussi si vous n'êtes pas un amateur de sucreries. J'étais moi-même dans ce cas. Le sucre se cache dans de très nombreux d'aliments transformés, sans même parler des barres chocolatées ni des biscuits. C'est donc par là qu'il faut commencer le remodelage de votre alimentation quotidienne.

Suivez-moi. Je vais chercher un chariot et faire quelques courses en vous expliquant la suite. Ne soyez pas surpris si les employés nous font signe. Je viens ici deux à trois fois par semaine. Ça facilite la planification des repas, ça me permet d'avoir toujours des produits frais à la maison et ça dispense d'y garder des produits transformés, surtout sucrés.

## VINGT JOURS DE DÉSINTOX

En tant qu'athlète et coach, je passe mon temps à peaufiner, à essayer de nouvelles choses, à voir ce qui marche et ce qui ne marche pas pour améliorer mes performances et continuer à progresser. Quand je suis arrivé à Jackson, mon quotidien a changé du tout au tout et j'ai décidé de pousser le changement à l'extrême pour voir vraiment tout ce qu'une alimentation saine peut apporter. Comme j'aime me prendre pour cobaye, j'ai essayé de supprimer complètement le sucre de mon régime, excepté celui des fruits. À cette époque, j'avais déjà une assez bonne hygiène alimentaire. J'étais loin de me gaver de bonbons à longueur de journée, mais je n'avais jamais fait attention aux sucres qui se cachent dans beaucoup d'aliments. J'ai donc entrepris de leur faire la chasse et de m'en passer totalement.

L'envie allait et venait. J'avais parfois du mal à résister à la tentation du muesli ou du yaourt. J'étais bien conscient de ces tentations et je savais aussi qu'elles finissent toujours par passer. C'est juste une question de temps. Après quelques semaines, elles ont disparu (certains disent qu'il suffit de quelques jours). Entre-temps, j'avais perdu deux kilos. Je n'étais pas bien gros avant, mais je l'étais encore moins et je ne mourais pas de faim. Les repas me rassasiaient mieux sans m'alourdir, j'avais plus d'énergie et, côté performances, trois semaines après la suppression du sucre, j'atteignais le sommet de Snow King cinq minutes plus vite avec un effort équivalent. En un mot, j'étais sidéré. Mes performances athlétiques globales étaient nettement meilleures et mon corps s'était métamorphosé en un temps record, alors qu'il aurait fallu des mois d'entraînement pour arriver à ce résultat.

Convaincu ? Si vous voulez vous aussi profiter de tout ça, voilà la solution : vingt jours de désintox. Le meilleur moment pour vous y mettre, c'est la phase de transition-récupération de votre plan d'entraînement, quand vos besoins énergétiques seront au minimum, mais, si vous êtes motivé, rien ne vous empêche de commencer maintenant. L'objectif est simple : pas de sucre, sauf celui des fruits. Lisez la composition de tout ce que vous mangez. Sous la ligne des glucides, vous trouverez la mention « dont sucre ». Ce qu'on veut, c'est qu'elle soit suivie d'un zéro. Pour le reste, ne changez rien à vos habitudes.

Pourquoi prendre une décision aussi extrême ? D'abord parce que vous allez perdre du poids, mais le principal n'est pas là, même si perdre trois ou quatre kilos n'est pas rien pour beaucoup d'entre nous.

Le principal, c'est que vous soyez conscient de ce que vous mangez et de ce que ça provoque, à la fois physiquement et mentalement. Considérez ça comme les fondations d'un nouvel édifice.

Comme toutes les fondations dignes de ce nom, elles demandent un peu de travail. Cette cure de désintox ne sera pas facile. Beaucoup d'entre vous pensent qu'ils mangent déjà peu de sucre, mais faites-moi confiance. Essayez et vous verrez. Même quand on est convaincu de bien manger, il est difficile d'échapper à cet envahisseur et vous seriez surpris de la quantité de sucre qu'on ingurgite au quotidien. Au cours de la première semaine, vous sentirez sans doute un manque et il ne sera pas facile de concevoir des repas sans sucre. Il se peut que vous soyez irritable, léthargique ou nerveux, voire que vous passiez en rien de temps par tous ces états. Alléchant, non ?

Voilà quelques conseils pour vivre ça sereinement : buvez beaucoup d'eau et préparez-vous des en-cas sains comme des branches de céleri, des carottes, des noix et des fruits secs. Mangez beaucoup de salades. Allez au bar à jus ou faites-les vous-même (mais seulement avec des fruits ou des légumes frais et sans produits transformés) et évitez les yaourts avec du sucre ajouté. Pesez-vous souvent et soyez attentif à l'effet de ce que vous mangez sur votre forme. Incitez votre famille et vos amis à suivre votre exemple pour créer une dynamique et entretenir votre motivation. Faites des repas simples et revenez souvent aux mêmes plats, ce qui vous aidera à vous organiser et à ne pas renoncer à la cure de désintoxication.

Au bout d'une semaine, les choses iront beaucoup mieux. Les tentations se dissiperont. Après quinze jours, il y a fort à parier que vous déborderez d'énergie.

Quel que soit votre état d'esprit, que vous soyez malade ou en parfaite santé, soyez attentif à votre corps et aux sensations que vous procure la nourriture pendant tout ce processus. Cette attention est fondamentale. Soyez pleinement conscient de ce que vous mangez et des effets de la suppression du sucre. C'est la clé du succès de cette cure de désintox et c'est aussi sa première raison d'être.

## LA MODÉRATION, C'EST LA MÉDIOCRITÉ. LE RATIO 95/5

Nous sommes venus au supermarché pour que vous sachiez quel type d'aliments vous devez choisir. J'applique ce que je prêche et je n'aime pas faire les choses à moitié, mais que ce soit bien clair : quand je parle de modération alimentaire, ce n'est pas de quantités qu'il s'agit. Si vous mangez sainement sans vous gaver outre mesure, la quantité n'est pas vraiment le problème. L'important, ce sont vos choix.

Jetez un œil dans mon chariot. Voyez ce que j'y ai mis au fil de notre shopping, nos courses sur les bords du magasin, où se trouvent d'habitude les produits frais. On ne fera pas beaucoup d'incursions au centre. Il y a trop de tentations et de sucre caché dans ces allées.

Pendant que j'entasse épinards, chou kale, pommes, bananes, laitues, melons, brocolis, patates douces, avocats, poivrons rouges, courges et fruits de saison dans mon chariot, projetons-nous après votre cure de désintox.

Asseyez-vous et pensez à nouveau à ce que vous ressentez. Vous venez de faire quelque chose d'assez extrême, mais je suis sûr que vous êtes dans une forme extraordinaire. Vous avez perdu du poids. Vous jaillissez du lit au réveil. Vous êtes moins fatigué le soir. Votre teint est éclatant. Au-delà de l'aspect physique, je parie que vous êtes assez fier de vous. Vous avez fait quelque chose de difficile : vous avez suivi le programme jusqu'au bout et vous vous êtes libéré du sucre. Vous avez adopté une nouvelle philosophie alimentaire et vous y êtes tenu. Cette persévérance et cette discipline vous remplissent de fierté.

Imaginez maintenant ce qui se passerait si vous ne renonciez que partiellement au sucre. Disons que vous l'avez supprimé au petit-déjeuner ou au dîner, mais pas à tous les repas. Pensez-vous que vous vous sentiriez mieux ? Peut-être un peu, mais ce serait moins spectaculaire. Vous seriez donc moins convaincu d'avoir fait le bon choix. Voilà pourquoi je dis que la modération, c'est la médiocrité. Si on ne cherche pas à décrocher la lune, on ne décolle même pas du sol.

À vrai dire, il y a de bonnes chances pour que, malgré votre bonne volonté, vous ne puissiez éliminer plus de 95 % du sucre, mais ne vous découragez pas. Un régime simple et naturel à 95 % et 5 % de « vas-y-fais-toi-plaisir », c'est déjà formidable. Bien manger à 95 %, c'est comme décrocher la lune. Je ne suis pas un moine hostile à tous les plaisirs terrestres. Je tiens à ma bière Newcastle bien fraîche et à mes cookies aux pépites de chocolat, mais je m'arrange pour qu'ils ne dépassent pas 5 % de mon alimentation. Ça ne veut pas dire que je les consomme « avec modération », mais que je m'en passe presque complètement. C'est la bonne mesure pour faire une différence notable et convaincante.

Une fois de plus, mon objectif est de vous convaincre de tout le bien qu'il y a à en tirer. Avec ce rapport de 95/5, vous serez convaincu.

## VINGT JOURS D'ALIMENTS BRUTS

Les courses touchent à leur fin. J'ai de quoi tenir quelques jours. Encore un paquet de tortillas de maïs nature, un peu de thon frais et de saumon sauvage. C'était assez inhabituel au rayon boucherie, non ? J'aime le gibier du coin. La viande maigre d'élan sera excellente au grill. On a fait le plein d'oeufs, de framboises et de myrtilles surgelées pour les smoothies (souvenez-vous : pas de sucre ajouté !), d'amandes et de noix de cajou du côté des fruits secs en vrac. Nous avons fait une brève incursion au centre du supermarché pour y piocher de l'huile d'olive, des haricots et des tomates en boîte.

J'ai bien failli oublier… Il nous faut des épices pour relever tout ça. Thym, basilic, romarin, piment…

Ah, pendant qu'on y est, attrapez donc un pot de sauce mexicaine. C'est délicieux et certaines marques sont sans sucre.

Pendant que nous chargeons mon pick-up, après être passés à la caisse, parlons de votre deuxième défi. J'espère que cette escapade commerciale vous a inspiré.

Une fois votre cure de désintoxication au sucre achevée, il faut essayer de manger aussi simplement et naturellement que possible. Maintenez le ratio 95/5 et soyez aussi exigeant avec la qualité de ce que vous mangez. Pas de junk food, pas d'aliments transformés, pas de pain, pas de pâtes, pas de fromage, pas de yaourt, pas d'alcool, pas de céréales ni de muesli. Est-ce que vous en voyez dans mon chariot ? Vous pouvez aussi vous passer de lait de vache. Il y a tout le calcium dont vous avez besoin dans les fruits, les légumes et les haricots rouges ou noirs.

Ne mangez que des choses simples et complètes. Quand vous ferez vos courses, souvenez-vous de cette petite virée. Si vous n'êtes pas sûr de pouvoir manger quelque chose, imaginez que vous vivez dans une ferme il y a deux cents ans. Choisissez vous-même le lieu. Ne prenez que ce qu'on pouvait y trouver, c'est-à-dire ce que le fermier et sa famille élevaient comme bétail, ce qu'ils cultivaient, le gibier qu'ils chassaient et le poisson qu'ils pêchaient. C'est aussi simple que ça. Évitez les produits transformés de la société d'aujourd'hui. Choisissez les produits dont on voit la provenance, pas ceux avec des listes d'ingrédients, ou alors seulement avec des ingrédients simples sans aucun mot imprononçable. Mangez de vrais aliments.

Pendant ce deuxième défi, je veux que vous soyez attentif aux effets de ce que vous avalez.

Observez spécifiquement les points suivants :

**1.** Faites la différence entre la faim et l'envie de manger quelque chose.

**2.** Voyez comme il suffit de peu de chose pour être rassasié quand votre régime n'est fait que de vrais aliments non transformés.

**3.** Notez la stabilité de votre forme et de votre énergie quand vos apports en glucides, en protéines et en lipides sont équilibrés au cours d'un repas.

**4.** Soyez attentif à ce que vous ressentez le matin quand vous ajoutez des fruits à votre petit-déjeuner.

**5.** Observez l'évolution de votre poids. Certains recommandent de ne pas utiliser de balance quand on change de régime. Balivernes ! Voyez comment les variations de votre régime influent sur votre poids au quotidien.

**6.** Prenez conscience que bien manger procure un bien-être qu'on voudrait permanent.

**7.** Enfin, notez ce qui se passe quand vous vous jetez sur une pizza ou une crème glacée. Demandez-vous si le plaisir que vous en tirez – et les sensations désagréables qui suivent – vaut mieux que ce que vous ressentez quand vous y renoncez.

Quand vous aurez relevé ces deux défis de 20 jours, je vous promets que vous comprendrez mieux que jamais l'impact de ce qu'on mange sur ce qu'on est, aussi bien physiquement que mentalement. Vous voilà prêt à définir vous-même ce que manger sainement signifie.

## L'ENGAGEMENT-NUTRITION

Après toutes ces discussions sur ce qu'il faut manger et ne pas manger, vous avez bien mérité un repas fait maison. Venez chez moi. On va s'installer derrière pour profiter de cet après-midi sans nuage et mettre vos objectifs alimentaires noir sur blanc. Ensuite, nous irons peut-être faire un tour jusqu'à la rivière, puis je ferai la cuisine.

Je suis votre coach et je tiens à ce que vous soyez au mieux de votre forme. Je veux que vous puissiez accomplir votre Grand Projet en tant que coureur et en tant qu'individu. Voilà pourquoi je vous invite à chercher à atteindre un idéal alimentaire. Choisissez toujours le plat le plus sain, malgré la discipline que ça suppose et les tentations auxquelles il faut résister. Si vous y parvenez, je vous garantis que vous le sentirez. Vous tomberez amoureux de ce que vous serez devenu, ce qui vous encouragera à continuer à bien manger et à profiter pleinement de la vie.

Mon régime est un choix et j'en suis ravi. Je mange de façon simple et naturelle à tous les repas ou presque. Quand je me laisse tenter par quelques cookies, c'est un choix assumé. Je le fais en conscience et j'apprécie, mais je décide ensuite de m'en passer pendant plusieurs semaines. Je me tiens au ratio 95/5 parce que j'aime le bien-être qu'il me procure. En fait, c'est presque un jeu de chercher à quel point je peux améliorer ma qualité de vie, jusqu'à quel âge je peux vivre en mangeant le mieux possible. C'est en plus une base solide pour la course à pied.

Mais ma vie n'est pas la vôtre. C'est à vous de faire vos propres choix. Vos objectifs doivent être clairs. Il vous faut un plan d'action et des connaissances pour manger sainement. Vous devez prendre un engagement qui vous guidera et sera source d'inspiration. Essayons d'en rédiger un, mais n'hésitez pas à le repenser et à le reformuler quand vous aurez relevé vos deux défis.

Vos objectifs alimentaires doivent être en accord avec vos objectifs sportifs. Plus vous êtes ambitieux en ce qui concerne la course à pied, plus vous devez l'être avec ce que vous mangez. Si vous voulez exploiter tout votre potentiel, il faudra adopter une alimentation riche en nutriments et renoncer à la malbouffe, respecter le ratio 95/5. Mettez-le dans votre engagement.

Vous pouvez aussi décider d'être plus ou moins rigoureux dans le temps, choisir une période pendant laquelle vous voulez être au meilleur de votre forme et adapter votre régime en conséquence. Cette période peut être de trois à cinq mois, par exemple. Dans votre engagement, précisez qu'il faudra commencer la transition un mois avant et vous tenir au ratio 95/5 pendant trois à cinq mois puis lever le pied à nouveau, comme dans la gestion de l'entraînement avant et après un gros objectif.

Il est également possible de transformer votre alimentation petit à petit après vos deux défis, de façon à aller progressivement vers l'objectif 95/5.

C'est à vous de définir votre engagement nutrition. Faites-le en fonction de vos objectifs. Trouver ce qui vous convient le mieux et, si vous vous y tenez, vous aurez de plus en plus envie de le faire.

## STRATÉGIE ALIMENTAIRE

Nous avons passé la journée à parler de ce qu'il faut manger et pourquoi, nous avons fait deux repas, rédigé un engagement-nutrition, j'ai même cuisiné pour vous, mais je suis sûr que vous n'êtes pas tout à fait satisfait. Pendant tout ce temps, nous n'avons presque pas parlé de ce qu'il faut manger avant et pendant les courses.

Prenez un peu de thé vert et allons nous détendre sur la terrasse en écoutant Jeff Buckley. Regardez ce ciel. Avez-vous jamais vu autant d'étoiles ?

Améliorer votre alimentation au quotidien, c'est faire le nécessaire pour optimiser l'entraînement et les performances en course. En veillant tous les jours à ce que vous mangez, vous obtiendrez de meilleurs résultats qu'avec n'importe quel repas d'avant-course ou d'après-entraînement. C'est aussi important que le renforcement, la technique et la programmation des séances. Pour finir un ultra, il faut faire un minimum de kilomètres au quotidien pendant les semaines et même les mois qui précédent. C'est la même chose avec l'alimentation.

J'ai entraîné beaucoup de coureurs et d'athlètes, et j'ai appris qu'il n'y a pas de solution miracle pour l'alimentation à l'entraînement ou en course. Ce qui marche à merveille pour l'un peut être dramatique pour l'autre et rien ne dit non plus que le même truc puisse fonctionner deux fois avec la même personne. Beaucoup de facteurs entrent en jeu le jour de la course. Parfois on le sent. Parfois on passe à côté. Les cyclistes disent souvent : « Je suis dans un mauvais jour » ou le contraire. L'important est d'en tirer des enseignements, de voir ce qui marche et ce qui ne marche pas.

En tous les cas, je suis sûr de trois choses. Un : il est essentiel d'avoir une bonne base quotidienne, comme nous venons de le voir. Deux : remplir le réservoir avant une sortie ou une course permet de tenir plus longtemps. Trois : être en forme permet de tirer le meilleur parti de ce que vous mangez.

## ALIMENTATION D'AVANT-COURSE

Ce que vous devez manger dépend de la durée et de l'intensité de la sortie, tout comme de l'heure du dernier repas. Prenez un peu de recul. L'essentiel, c'est de comprendre les choses. Il faut adapter la quantité de carburant au type d'effort que vous allez fournir. Avec un peu de bon sens et d'anticipation, tout se passera bien.

J'ai choisi plusieurs séances types de votre plan d'entraînement pour vous expliquer grossièrement ce qu'il faut manger avant.

**1.** Séance courte et facile (FC1-3) : en général, je fais ces sorties en semaine et les repas ordinaires me suffisent.

**2.** Sortie courte et rapide ou fractionné (FC4-7 ou V3-7) : trente ou quarante-cinq minutes avant, je prends quelque chose de léger, comme un smoothie aux fruits et graines de chia, ou quelques poignées de noix de cajou avec des fruits.

**3.** Sortie longue (FC1-3) : ces séances se font à allure lente ou modérée, mais ce sont les plus longues. La plupart d'entre nous les faisons le week-end. N'oubliez pas qu'un repas solide la veille au soir facilite les choses. Faites à nouveau le plein une heure ou deux avant (le matin, si j'ai prévu de passer plusieurs heures à courir, j'aime bien manger des oeufs et/ou des flocons d'avoine avec des fruits et des noix).

Comme je vous l'ai dit, ce ne sont que des grandes lignes, pas des règles immuables. Si vous voulez faire les choses bien, il faut réfléchir à l'heure du dernier repas et déterminer quelle quantité de carburant sera nécessaire pendant votre séance. Mettons que vous quittiez le bureau à 14 heures pour une séance d'une heure. Comme le téléphone n'arrêtait pas de sonner, vous n'avez rien pu avaler depuis le petit-déjeuner. Dans ce cas, il faudra sans doute manger un petit quelque chose, même s'il s'agit d'une séance à allure lente.

Les meilleurs enseignements proviennent de l'expérience. Testez différentes choses pour trouver exactement ce qui vous réussit le mieux avant et pendant vos sorties, en fonction de vos heures de sommeil ou du stress que vous subissez au travail. Faites varier la quantité de glucides ou de protéines de votre repas d'avant-course. Mangez une demi-heure et pas deux heures avant pour voir le résultat. Essayez différentes stratégies et voyez laquelle fonctionne le mieux.

Les choses ne seront pas toujours simples, mais c'est justement ce dont on cherche à se rendre compte. Les erreurs sont un bon moyen d'apprendre et elles sont souvent plus riches d'enseignement que les succès. Au cours de ces expériences, soyez attentif à ce que vous ressentez pendant les différentes phases de la séance. À conditions constantes (température, topographie...), quand vous sentez-vous le mieux ou le moins bien ? Pesez-vous aussi avant et après et notez le résultat. Avez-vous perdu ou pris du poids ? La balance est un moyen d'apprendre. Monter dessus permet de comprendre les effets de ce que vous mangez sur votre organisme.

Avec le temps et en restant attentif, vous finirez par savoir déterminer votre état de forme et vous saurez ce qu'il faut manger pour être « dans un bon jour ».

## AU CŒUR DE L'ACTION – ALIMENTATION EN COURSE

Pour couvrir de longues distances, il est important de savoir se ravitailler en vol, mais, là aussi, nous sommes tous différents. Il faut tester et comprendre ce qui marche le mieux pour vous pendant l'entraînement et en course, mais aussi être prêt à affronter les problèmes quand ils se présentent. Beaucoup de choses sont possibles : gels, boissons énergétiques, barres, mélange trail, fruits secs, miel… Je sais, tous ces trucs-là sont riches en sucre et pas très naturels, mais en course, la commodité l'emporte et, de toute façon, tout ce sucre est brûlé assez vite.

Il n'y a pas de règle absolue ni pour le moment ni pour la quantité à ingurgiter. Tout dépend de la distance et du temps que vous devez passer à courir, mais aussi du terrain, de l'intensité de l'effort et de la température. J'ai l'impression qu'en matière d'hydratation et d'alimentation, beaucoup de gens appliquent des règles strictes qui leur posent parfois problème.

Voilà un bref aperçu de ma façon de procéder. Utilisez-le comme point de départ pour vous faire votre propre expérience. En général, j'organise mon alimentation en fonction du temps plutôt que de la distance.

### De 0 h 30 à une 1 h 15

Comme j'essaie de respecter le ratio 95/5 dans le cadre de mon engagement-nutrition et que je me tiens à mes recommandations alimentaires d'avant-course, je ne me ravitaille pas pendant ces séances. Pour l'eau, à moins qu'il ne fasse très chaud, je bois seulement quand j'ai soif sans suivre un protocole d'hydratation précis.

### De 1 h 15 à 2 h 00

Cette plage de durée est souvent la plus difficile à préparer. S'il s'agit d'une séance à allure lente, vous n'aurez pas besoin de refaire le plein et l'alimentation d'avant-course doit suffire, mais j'emmène toujours quelque chose, le plus souvent une barre de flocons d'avoine, au cas où j'en aurais besoin. Quand c'est le cas lors d'une sortie à allure lente, c'est dû en général à la charge d'entraînement de la semaine plutôt qu'à la séance elle-même. Soyez attentif. Réfléchissez aux efforts que vous avez faits les jours précédents. Ils peuvent avoir une influence sur vos besoins lors d'une séance longue à allure lente. J'emporte de l'eau et je bois de façon à étancher ma soif.

À allure plus soutenue et pendant les courses de cette durée, je pioche dans les 5 % d'écart que je m'autorise et j'utilise un gel toutes les 75 à 90 minutes si je sens que mes réserves s'épuisent et qu'un surplus d'énergie me ferait du bien. Une fois de plus, c'est par commodité et parce qu'il n'est pas facile de digérer du solide quand l'intensité est élevée. Le truc, c'est qu'il suffit de peu de chose pour aller au bout. Je bois plus régulièrement.

### De 2 h 00 à 5 h 00

Dans la nature et quand l'intensité varie de faible à modérée, j'essaie de manger du solide et je bois de l'eau. Je privilégie les barres naturelles aux flocons d'avoine, les dattes et les fruits secs. Je commence à me ravitailler une heure et demie ou deux heures après le départ et je le fais ensuite tous les trois quarts d'heure à une heure pendant toute la durée de la sortie.

Si elle est longue mais sans difficultés et que la combustion des graisses suffit, je peux me contenter d'un bon repas une heure avant le départ et aviser ensuite en me ravitaillant quand le besoin s'en fait sentir. C'est dans ces conditions qu'on apprend le mieux ce dont l'organisme a besoin et comment il réagit aux différents carburants.

Pour l'eau, si la température est moyenne, je tâche de boire à peu près 70 centilitres toutes les 75 à 90 minutes et je veille à bien me réhydrater après. Il est inutile de s'hydrater à outrance. Faites-le aussi régulièrement que possible en fonction de ce que vous transportez. J'utilise des gourdes que je tiens à la main et, si nécessaire, une poche à eau.

Pendant une course, quand l'effort est soutenu, je m'en remets au côté pratique des gels et du miel. Je me ravitaille plus souvent parce que les exigences sont plus importantes à haute intensité et que les glucides sont brûlés plus rapidement. Je m'hydrate avec de l'eau et n'utilise les boissons d'effort qu'à l'occasion, pour changer un peu, parce que je prends déjà des gels et que je n'ai pas besoin d'une double dose de sucre. Je me suis rendu compte qu'utiliser des gels et des boissons d'effort en parallèle pose des problèmes de digestion. Le mieux est donc d'en rester à l'eau pour l'hydratation. Voyez ce qui marche le mieux pour vous et n'oubliez pas de boire quelques gorgées après chaque gel.

**5 h 00 et plus**

Le plus important pour l'alimentation pendant les sorties ou les courses très longues, c'est de boire et de manger quand vous vous sentez bien. Quand ce n'est pas le cas, manger et boire sont les dernières choses dont vous avez envie. Pensez-y au préalable et agissez comme prévu.

À part ça, je mange et je bois à la même fréquence que lors des sorties de deux à cinq heures, mais je me montre plus attentif. Quand l'intensité est faible, je mange des barres énergétiques et du solide. Quand elle augmente, je passe aux gels. Si ma fréquence cardiaque et ma vigilance baissent, c'est le signe qu'il faut manger. J'évalue aussi toutes les heures l'intensité de l'effort en comparant la topographie du parcours avec ma fréquence cardiaque. Certaines parties sont plus exigeantes que d'autres. Il faut donc adapter votre alimentation en fonction des difficultés.

C'est un point très important qui vous aidera à éviter les problèmes gastriques. Si vous êtes dans une portion roulante et qu'une longue ascension ou une section plus difficile se profile, mangez pendant que votre estomac est en état de digérer. Quand l'intensité augmente, il a plus de mal à le faire et mieux vaut réduire les apports pendant un moment. Veillez juste à vous alimenter après cette portion plus difficile, quand l'intensité baisse. Rester attentif et ne pas suivre un schéma strict permet souvent d'échapper aux problèmes gastriques.

Lors des entraînements longs et pendant les ultras, fiez-vous à vos envies et à votre expérience. Sur ces très longues distances, la seule règle à suivre est celle de ce qui marche pour vous et de ce que vous avez appris par la pratique. Certains coureurs adorent le bacon et trouvent que le gras leur fait du bien. Il est donc important d'essayer différentes stratégies alimentaires à l'entraînement.

Lors de certaines sorties, mangez fréquemment de petites portions. Sur d'autres, faites-le moins souvent mais en plus grandes quantités. Essayez de tirer le maximum d'enseignements de ces expériences pour savoir ce dont votre organisme a besoin, ce qui lui fait le plus de bien et à quel moment de la course, du jour ou de la nuit. Le tout est de rester attentif, de savoir comment va votre estomac, quelle quantité vous avez bue au cours de la dernière heure, ce qu'il vous reste à faire et les difficultés à venir. Ces points doivent vous permettre de savoir où en est votre corps, comme la jauge vous indique ce qu'il reste d'essence dans le réservoir de votre voiture. Ils vous aident à déterminer quelle quantité de carburant sera nécessaire pour arriver à destination et quand refaire le plein.

## ALIMENTATION ET OBJECTIFS

Fini pour aujourd'hui. Rentrez à votre hôtel et travaillez encore un peu à votre engagement-nutrition. Avant de vous endormir, réfléchissez à ce que nous nous sommes dit. C'était assez précis au sujet des glucides, du sucre, de la cure de désintox de vingt jours et de ce qu'il faut manger pour être au meilleur de votre forme, mais il y avait bien plus que ça. Au fil de nos séances et de nos conversations de ces derniers jours, je n'ai pas cessé de parler d'attention. Je ne sais pas si vous avez remarqué, mais j'en ai parlé encore plus aujourd'hui. Être attentif à ce que vous ingurgitez, à l'effet que ça vous fait, est super important. Ça vient toutefois après la conscience de vos objectifs en tant que coureur. Seule une définition précise de vos objectifs peut vous amener à faire les efforts alimentaires nécessaires pour y parvenir.

Pour atteindre vos objectifs, il faut savoir quel type de coureur vous voulez être, ce que vous êtes prêt à faire pour y parvenir et avoir la volonté nécessaire. En bouleversant vos habitudes alimentaires, vous allez prendre goût à ce que j'appelle « creuser la terre ». Au début, vous aurez peut-être du mal à relever vos défis de 20 jours, mais, si vous êtes attentif et persévérant, vous vous sentirez beaucoup mieux, pas seulement physiquement mais aussi pour avoir adopté une nouvelle façon d'être et de voir la vie. Votre discipline deviendra elle-même une source de satisfaction. Votre persévérance vous donnera la confiance et la force nécessaires pour continuer.

Bien manger, c'est un peu comme chercher de l'or. On creuse, on creuse, on creuse sans relâche et, un beau jour, on tombe sur une pépite. Cette découverte nous rend heureux, mais on se rend vite compte qu'on est aussi tombé amoureux de l'effort. L'attention conduit à cette compréhension et peut apporter beaucoup plus quand on sait exploiter ses pouvoirs.

Chapitre VII

# RÉCAPITULONS

Nous avons du chemin à faire aujourd'hui. Une longue marche-course… On va donc commencer par un bon petit-déjeuner. Le soleil vient tout juste de passer les crêtes. Nous nous sommes retrouvés tôt à la Bunnery pour parler de tout ça. Sentez-moi cette bonne odeur d'oeufs brouillés et de café ! Ce n'est pas pour rien que les gens d'ici aiment cet endroit.

Asseyez-vous. Ce ne sera pas long, mais je suis sûr que vous vous demandez comment faire pour combiner tous ces programmes de renforcement, d'optimisation technique, de développement foncier et d'alimentation. Voyons tout ça avant de passer au point le plus important : l'attention et la réalisation de votre Grand Projet.

## LES QUESTIONS DE BASE

Vous voulez savoir quand commencer ? La réponse est : dès que vous serez rentré chez vous et que vous serez équipé. En d'autres termes, démarrez le programme de renforcement le plus tôt possible. Pendant que vous y êtes, commencez l'optimisation de la gestuelle. Achetez des chaussures à *drop* zéro et augmentez progressivement le kilométrage avec ces acquisitions aux pieds. Comme je l'ai déjà dit, la force et la gestuelle se nourrissent l'une l'autre. C'est aussi le moment idéal pour changer d'alimentation. Lancez-vous dans votre premier défi de vingt jours. En somme, vos trois à six premières semaines d'entraînement sont une phase de transition athlétique qui va permettre à votre organisme de s'adapter à tous points de vue : force, gestuelle, nouvelles chaussures et alimentation. Dans l'absolu, c'est la meilleure façon de commencer.

Pendant cette phase, l'intégration du renforcement et du travail technique dans l'entraînement quotidien ne doit pas vous tracasser. Inutile de suivre un plan précis jour après jour. Votre kilométrage doit être assez réduit. Mieux vaut vous mettre à fond au renforcement. Le mieux est de travailler la force cinq à six jours par semaine, en alternant le travail du bas et celui du haut. Courez les jours où vous travaillez le bas, de préférence avant les exercices de renforcement. Pendant cette période, il faut vraiment être à l'écoute de votre corps, sentir où c'est douloureux et où ça ne l'est pas.

Une fois la phase de transition achevée, on me demande souvent si la préparation est vraiment nécessaire avant d'entamer le plan d'entraînement proprement dit. Pour faire court, oui. Pour développer un peu, la phase de préparation a pour but de doter vos jambes et votre système cardiovasculaire de l'endurance nécessaire pour qu'ils soient fin prêts à commencer le programme foncier. Pendant cette phase préparatoire, continuez le renforcement, lancez-vous dans votre deuxième défi alimentaire de vingt jours et restez attentif à votre gestuelle sans cesser de la travailler. Cette période doit vous permettre d'aborder le programme foncier dans les meilleures conditions.

Vous vous demandez sûrement s'il faudra arrêter le renforcement une fois ce programme foncier entamé. On me pose souvent cette question, mais il ne faut jamais oublier ceci : on peut toujours s'améliorer. En clair, il faut continuer le renforcement. La bonne nouvelle, c'est que votre corps se sera adapté à ces nouvelles exigences et que vos performances s'en trouveront améliorées. Suivez le programme de renforcement du bas et du haut que je décris au chapitre III pour vous laisser le temps de récupérer. Vous devrez en plus continuer votre travail technique et vous lancer dans la rédaction et l'exécution de votre engagement-nutrition.

## AUTOCOACHING

Finissez votre petit-déjeuner. Je voudrais maintenant vous parler d'un point crucial de ce programme d'entraînement : l'autocoaching.

Dans deux jours, vous serez de retour chez vous et livré à vous-même. Grâce à la structure et à la personnalisation de ce programme, vous aurez une idée assez précise de ce que vous devez faire. Il faut essayer de le respecter du mieux que vous pouvez, mais aucun coach ni aucun livre ne peut prévoir toutes les situations et les interrogations auxquelles vous serez confronté, ce qui est une bonne chose. Même mes clients directs, avec lesquels je suis en contact de façon quasi quotidienne, doivent adapter le programme à leurs besoins, à leur emploi du temps, et voir ce qui fonctionne.

N'hésitez pas à faire de l'autocoaching. La vie nous joue des tours. Il arrive qu'on tombe malade, que les contraintes professionnelles ou les impératifs familiaux bouleversent la routine. Parfois, on n'a tout simplement pas envie d'aller courir. D'autres fois, on a l'impression de pouvoir en faire plus et tout ça est normal. C'est humain. On ne vit pas dans un monde parfait et, même si c'était le cas, chacun trouverait son propre moyen d'être au meilleur de sa forme. Il faut donc prendre votre entraînement en main et devenir votre propre coach. Vous avez déjà eu un aperçu de la façon dont ça fonctionne, ces derniers jours. Dans le programme de renforcement, je vous ai par exemple demandé d'adapter le nombre de circuits et de répétitions à vos capacités et au temps dont vous disposez. C'est la même chose pour le programme foncier : vous décidez vous-même de faire cinq ou six séances par semaine et du nombre de répétitions quand il s'agit de fractionné. Pour l'alimentation, vous définissez vous-même vos objectifs.

L'autocoaching impose de faire ses propres ajustements. Il n'y a donc pas de règles absolues, mais quelques recommandations peuvent quand même vous aider :

**1.** Séances et enchaînement : n'oubliez pas que chaque séance et chaque exercice, difficile ou pas, ont un but précis. Respectez l'ordre de votre programme hebdomadaire ainsi que la nature des séances et leur intensité.

L'enchaînement et l'intervalle entre les sorties sont très importants parce qu'ils tiennent compte de la progression et des besoins quotidiens, hebdomadaires et mensuels en termes de récupération. Rien n'est gratuit. Tout est imbriqué. En règle générale, si vous manquez une ou deux séances dans la semaine, ne changez rien au programme et ne cherchez pas à les rattraper. Au-delà de deux séances manquées, mieux vaut refaire la semaine en entier et décaler la suite du programme. Ne modifiez pas l'ordre des séances.

**2.** Soyez à l'écoute et réfléchissez : personne ne connaît votre corps mieux que vous. Vous aurez parfois besoin de lever le pied ou de sauter une séance, parce que vous ne serez pas au top, ou à cause d'une tension dans les ischios qui s'est déclarée lors de la séance précédente, par exemple. Restez à l'écoute de votre corps et évaluez la situation.

Quand mes athlètes sont malades ou ne se sentent pas très bien, je leur conseille de prendre une journée de repos ou d'alléger l'entraînement, mais il y a une différence entre la méforme ou la maladie et l'envie de rester tranquille. Soyez conscient de cette différence. Faites aussi preuve de patience. On veut souvent en faire trop au début du programme. Ne lâchez pas les chevaux et respectez les allures. Comme en course, partir trop vite, c'est risquer d'exploser avant la fin. Faites confiance au processus.

**3.** Régularité : pour progresser et développer ses qualités athlétiques, la régularité est de la plus haute importance, ce qui doit vous inciter à aller courir quand vous êtes en mesure de le faire, même si vous n'en avez pas envie. Vous vous sentirez mieux une fois la séance entamée et mieux vaut en profiter avant que la vie, les blessures ou la maladie ne vous en empêchent. Comme c'est inévitable, il faut toujours faire ce que vous avez le temps de faire, même si c'est moins que prévu. Mieux vaut courir une demi-heure tranquillement que pas du tout, si vous ne pouvez pas faire la séance d'une heure qui était prévue. Je répète : un peu vaut mieux que pas du tout. Beaucoup s'imaginent que la séance est fichue s'ils n'ont pas le temps de la faire intégralement. Faux ! Vingt minutes ou une demi-heure suffisent à préserver la régularité.

**4.** Carnet d'entraînement : notez chaque jour ce que vous faites. Que ce soit chez les débutants ou les coureurs de haut niveau, j'ai souvent constaté que ceux qui le font religieusement sont ceux qui progressent le plus. Cette implication personnelle conduit souvent à de grandes performances, ce qui est très gratifiant. Je demande donc à tous mes athlètes de noter leurs séances. Si vous aimez la technologie, il y a beaucoup de carnets d'entraînement en ligne. Si vous êtes plutôt *old school*, faites-le sur papier. Mettez noir sur blanc ce que vous faites chaque jour et ajoutez quelques commentaires sur la durée, le lieu, vos sensations, ce que vous avez appris ou compris pendant votre sortie.

**5.** Difficulté : à certains moments du programme, les choses seront difficiles et les efforts intenses. Ne prenez pas ces difficultés pour des faiblesses de votre part. Pour progresser, il faut mettre nos muscles et nos organismes à l'épreuve. Faites-moi confiance, je comprends la frustration que ça peut susciter, qu'on puisse se dire : « C'est trop dur… Ça ne devrait pas être si pénible… Je n'y arrive pas. » Quand vous avez cette impression, que vous vous dites des choses comme ça, prenez un moment pour y réfléchir et considérez la difficulté comme un moyen de progresser, à la fois physiquement et mentalement.

**6.** Nutrition : je le répète inlassablement à mes athlètes : « Il n'y a qu'une décision à prendre pour redresser la barre. » Si vous avez fait des choix qui ne correspondent pas à votre engagement-nutrition, faites juste le bon la fois suivante.

## VOTRE PERSONNALITÉ DE COUREUR

En tant que coach, je trouve qu'il est essentiel de comprendre la personnalité des athlètes avec lesquels je travaille. De la même façon que j'examine les caractéristiques physiques telles que le style de foulée, le mouvement des bras, la souplesse et l'équilibre musculaire, j'observe les particularités psychologiques des athlètes dont je m'occupe. Elles ne sont pas gravées dans le marbre et ne présagent de rien, mais elles me permettent d'affiner mon approche. Quel genre de coureur êtes-vous ? Essayez de vous reconnaître dans l'un des quatre types ci-dessous et tenez compte de mes conseils sur la meilleure façon de faire suivant votre personnalité.

## 1. PERFECTIONNISTE

► Traits de caractère : attaché aux détails. Prévoit toutes les séances et les courses au kilomètre et à la minute près. Aime les plannings et les listes. Enregistre méticuleusement les données. Fait souvent appel à un coach.

► Motivations : progrès vérifiables et expertise. Les perfectionnistes tiennent à être certains de leur progression, à tout faire pour qu'elle ait lieu à tous les stades et à en apprendre le maximum. Les nouveaux défis les électrisent, tout comme l'idée d'apprendre.

► Craintes : météo, maladie, blessures ou tout autre bouleversement du plan d'entraînement et des prévisions. Doit écouter son corps dans les moments difficiles et accepter de ne rien faire, même quand ce n'est pas prévu. Les perfectionnistes sont parfois déçus quand il s'agit de relever un défi inhabituel, qui peut leur laisser un sentiment d'échec.

Le besoin de savoir comment les choses vont se passer à l'entraînement comme en course peut les bloquer.

▸ Consignes d'autocoaching : les perfectionnistes doivent apprendre qu'il est aussi important d'être à l'écoute de son corps que de suivre le programme. Ils doivent accepter de lâcher prise de temps à autre, d'introduire un peu de variété et de récupération dans leur programme pour éviter la stagnation.

Ils doivent s'ouvrir à l'inattendu et aux nouveaux défis pour le corps et l'esprit.

## 2. FONCEUR

▸ Traits de caractère : déterminé. Aime les défis en course comme à l'entraînement. S'y lance avec ou sans la préparation adéquate.

▸ Motivations : le résultat, aller toujours plus loin. Aime l'aspect social des nouveaux défis, les grandes ambitions et être au cœur de l'action.

▸ Craintes : les reports, la récupération, la progression pas à pas. « Si ma performance ne s'améliore pas, c'est que je régresse ! »

▸ Consignes d'autocoaching : les fonceurs ont constamment besoin de relever de nouveaux défis, or, pour continuer à progresser, il faut constituer des couches successives par le travail foncier.

Ils doivent se méfier du surentraînement et comprendre l'intérêt d'un programme structuré pour ne pas brûler les étapes.

## 3. SOCIABLE

► Traits de caractère : aime l'interaction avec ses partenaires d'entraînement et la vie de groupe. Les performances varient suivant les compagnons.

► Motivations : le rapport avec les autres et la camaraderie, le sentiment d'appartenir à une tribu.

► Craintes : la compétition, la quête de performances.

► Consignes d'autocoaching : les sociables doivent se fixer des objectifs personnels autres que celui d'être en groupe. L'association avec un partenaire d'entraînement qui les pousse à la performance peut être bénéfique. Il leur faut un programme qui laisse de la place aux séances en solo. Encouragez aussi vos partenaires d'entraînement à piloter les séances. Dites-leur ce dont vous avez besoin et faites preuve de créativité pour intégrer vos séances à celles du groupe.

## 4. LIBERTAIRE

► Traits de caractère : aventurier, créatif. Apprécie la diversité et les nouveaux défis. Aime que la course ne soit pas qu'une histoire de compétition et de culture physique. Peut présenter aussi les traits de caractère des autres types de personnalités.

▶ Motivations : les sensations immédiates, à la fois physiques et affectives, suscitées par la course à pied. Les nouvelles expériences. L'engagement. Tout ce qui précède de nouvelles aventures, entraînement et préparatifs y compris. Aime autant ce processus que son aboutissement ou le succès de l'entreprise. Les libertaires sont motivés par la diversité.

▶ Craintes : la routine. Les exigences et le stress d'une vie trépidante qui l'empêchent de courir autant qu'il le souhaite.

▶ Consignes d'autocoaching : le libertaire doit introduire de la variété en changeant souvent de parcours et de partenaires d'entraînement, en privilégiant le jeu et l'aventure. Les événements originaux et les défis peuvent l'aider à adopter un programme structuré et à se concentrer.

Amusant, non ? C'est peut-être aussi un peu inquiétant de se rendre compte qu'on entre dans une de ces catégories, mais cette prise de conscience et cette connaissance de soi sont bénéfiques. Voilà, vous avez désormais une bonne idée de la manière dont les choses doivent s'articuler et de la manière de vous autogérer. Laissez-moi payer la note et allons faire un tour sur les sentiers. Nous pourrons parler plus en profondeur de la conscience (essentielle à l'autocoaching) et réfléchir à votre Grand Projet.

Chapitre VIII

# PERFORMANCE = CONSCIENCE

Sortons de la Bunnery, montons dans mon camion et quittons Jackson par l'ouest, en traversant la Snake River, direction Teton Pass. C'est une route tortueuse et pentue. Vous allez voir des cyclistes passer en trombe en sens inverse.

En hiver, les pentes des alentours sont un paradis pour le ski hors-piste. Quand le soleil se lève, beaucoup à Jackson partent pour la *dawn patrol*[14]. Ils laissent leur voiture au col et, skis sur le dos, ils font 500 mètres de dénivelé à pied pour redescendre dans la neige vierge, entre les arbres, puis font du stop pour récupérer leur voiture avant d'aller au travail. Pas mal pour attaquer la journée, non ?

Aujourd'hui, nous avons un bout de route à faire, mais je vous garantis que ça en vaut la peine. Une longue montée nous attend jusqu'à une crête située derrière le mont Taylor, à près de 3 000 mètres. Vos jambes et vos poumons seront à la fête. De mon côté, ça me laissera le temps de vous expliquer l'importance de la préparation mentale pour la réalisation de vos objectifs. Il ne faudra pas laisser vos pensées

14. Patrouille de l'aube (NDT).

vagabonder, ou plutôt pas encore. C'est du lourd, des choses très complexes, que nous allons aborder. Je vous demanderai donc d'être attentif et de continuer à me faire confiance. Je vous conduis dans la bonne direction, au propre comme au figuré.

Allons-y ! Prenons le sentier de Coal Creek. Faites attention aux ours et ouvrez l'œil. Il y a beaucoup de racines et de pierres à éviter. Soyez vigilant, très vigilant.

En tant qu'athlète comme en tant que coach, j'ai toujours pensé que l'entraînement mental était aussi important que l'entraînement physique. Dès mon enfance, j'ai compris intuitivement l'importance de la cohésion du corps et de l'esprit, non seulement dans la performance sportive, mais dans la vie en général. En me concentrant sur cette cohésion, j'ai pu réaliser bon nombre de mes ambitions. C'est vrai aussi pour mes athlètes… et pour vous.

L'expérience et le temps peuvent être d'excellents conseillers pour un coach. En passant des milliers d'heures à entraîner des gens très différents, j'ai appris à distinguer les bons et les mauvais côtés de leurs façons de bouger. Je n'ai même plus besoin d'y penser. C'est la même chose avec ce qu'ils pensent. J'entraîne des bons et des mauvais penseurs, ceux qui n'ont aucune barrière et ceux qui en voient à tous les coins de rue. Tous les jours, j'en vois les effets sur leurs séances et, bien évidemment, sur leurs performances.

Le mental commande le physique, ça ne fait aucun doute. J'ai vu très souvent des athlètes physiquement plus faibles mais fermement déterminés, des gens conscients de ce qu'ils ont dans le crâne et de leurs ambitions, qui ne considèrent pas la difficulté comme un échec, éclipser des coureurs plus talentueux mais rongés par la crainte, le doute et l'incertitude quant à leurs objectifs. Notre corps réagit aux émotions et à ce que nous pensons, or, la plupart du temps, nous ne sommes même pas conscients de ce que nous lui disons.

Au fil du temps, je suis devenu capable de distinguer la faiblesse mentale d'un ou d'une athlète aussi facilement que ses spécificités mécaniques. Ce n'est ni un sixième sens, ni de la clairvoyance, mais seulement de l'attention. Écouter attentivement un coureur parler des difficultés qu'il a éprouvées lors de sa dernière course ou à l'entraînement, c'est découvrir son monde intérieur. Ce qu'il ou elle dit et sa façon de penser deviennent des habitudes au même titre que les défauts techniques. Avec le temps, ces « habitudes mentales », bonnes ou mauvaises, s'alimentent d'elles-mêmes et deviennent bien réelles. Soyez attentif à la façon de parler des autres coureurs, exactement comme je vous demande de l'être pour leur gestuelle. Vous pouvez apprendre à déceler leurs problèmes techniques, à comprendre comment leurs pensées stimulent ou freinent leurs performances. Il y a beaucoup d'enseignements à en tirer.

À la vérité, beaucoup d'entre nous avons perdu l'imagination sans limites qui nous venait si facilement quand nous étions enfants. Nous savons tout simplement trop de choses – en tout cas, c'est ce que nous croyons – et nous renonçons avant même d'avoir essayé.

Eh bien, c'est terminé.

Comme le dit Aldous Huxley, « L'expérience, ce n'est pas ce qui vous arrive, mais ce que vous en faites. » C'est plein d'intelligence, mais j'aimerais mettre ça à ma sauce : « L'important, ce n'est pas ce qu'on pense, mais ce qu'on fait de nos pensées. »

Ce qui est formidable, c'est qu'on peut entraîner l'esprit de la même façon que les jambes, les poumons ou le cœur. J'ai trouvé un moyen qui vous permettra non seulement de contrôler vos peurs mais aussi d'en tirer parti. Il existe des méthodes à base de visualisation, de mantras et de rituels, qui vous permettront de fixer vos objectifs et de les réaliser. Beaucoup de mes athlètes y ont puisé des ressources insoupçonnées qui les ont aidés à accomplir toutes sortes d'exploits, de la qualification au marathon de Boston jusqu'à des titres de champion du monde. Qu'il s'agisse d'un record personnel, d'un ultra-marathon ou de n'importe quel grand rendez-vous en course à pied comme dans la vie, c'est à votre portée à vous aussi. Mais, la première étape, c'est d'aller encore plus loin dans la compréhension.

## LES DANGERS ET LES POUVOIRS DE NOS PENSÉES

Belle foulée ! Vous courez bien sur l'avant et vous avez négocié les premiers lacets comme un chef. Sentez comme vous exploitez bien la force de vos pieds, comme vous êtes stable. Nous attaquons maintenant une longue portion régulière en forêt, mais il ne fait pas chaud. L'automne est sur le point d'arriver. Ces chênes nains vont se teinter d'un beau rouge et les trembles de jaune.

Bientôt, ce sera la saison de ski et le sentier disparaîtra sous une épaisse couche de neige. Si vous aimez dévaler les pentes, vous verrez à quel point la forme physique que vous aurez acquise est utile dans les autres activités sportives.

Restons-en pour le moment à la course à pied. D'ailleurs, j'ai une révélation à vous faire : si vous le décidez, rien ne vous empêche de devenir le coureur que vous rêvez d'être. Tous les fantasmes sont permis, y compris un ultra de 200 kilomètres. Houlà ! Faites attention où vous mettez les pieds ! Restez vigilant. Non, je n'ai pas perdu la tête. Je dis ça pour vous démontrer quelque chose. Au-delà de vos interrogations sur ma santé mentale (« Eric serait-il victime du mal aigu des montagnes ? »), vous vous posez sûrement la question suivante, bien naturelle quand on vous fixe un objectif : « Vais-je y arriver ? »

Si je décide de me lancer dans une course de 200 kilomètres, je me demande quand mes jambes vont me lâcher, à quel moment je vais me mettre à délirer, au bout de combien de kilomètres mon cœur va exploser… Comme tous les êtres humains, nous voulons savoir ce qui va se passer avant même d'avoir commencé. C'est un besoin inné, mais il est impossible de le satisfaire au début d'une aventure. Personne ne peut lire l'avenir dans une boule de cristal et, même si c'était possible, je suis à peu près sûr que ça ne servirait à rien. Aucun résultat n'est jamais garanti, alors pourquoi ne pas se lancer tout simplement dans l'aventure ?

À moins que vous n'ayez déjà couru un ultra ou quelque chose d'approchant, j'imagine que vous vous dites : « Non, je ne peux pas courir 200 kilomètres. » Vous êtes certain du résultat. Vous vous voyez déjà vous effondrer aux alentours du quinzième, du trentième ou du quarantième kilomètre. Suivant votre état de forme et votre expérience de la course à pied, vous pourriez aussi bien me dire la même chose pour un 10 kilomètres ou un semi-marathon.

Cette façon de penser, ce besoin de savoir, limite souvent ce qu'on est capable d'entreprendre. Comme on ne peut pas prédire l'avenir, on décrète souvent que tel ou tel objectif est hors de portée. C'est un peu comme un dispositif de sécurité qui nous protège de l'échec. Pour éviter cet échec, soit on limite ses objectifs, soit on refuse de s'aventurer sur la voie qui conduit à la réalisation des grandes ambitions, soit on combine les deux.

Pourquoi ? Parce que nous craignons à la fois l'échec et l'inconnu. La peur est une force très puissante. Du démon intérieur à la menace objective, elle peut prendre des formes et des dimensions très variables. La plupart de nos peurs viennent de notre expérience. On se dit par exemple : « J'aimerais bien courir un marathon, mais je sais que je commence à avoir mal à la hanche au bout de cinq kilomètres. » Si c'est ce que vous pensez, je suppose que l'échec est la seule issue envisageable pour vous dans le cas du marathon. Comme vous n'êtes pas sûr de pouvoir le faire et que vous craignez de souffrir, vous supposez que vous en êtes incapable. Or cette supposition n'est rien d'autre que l'expression de votre besoin de savoir. Puisque c'est impossible, vous envisagez ce qui pourrait se passer sur la base de vos expériences précédentes. Le besoin de savoir oriente votre façon de penser et vous empêche ne serait-ce que d'essayer de courir un marathon. Avec le temps, la question : « Est-ce possible ? » ne se pose même plus. Vous êtes tout bonnement convaincu que ça ne l'est pas. La peur se transforme en conviction. C'est un cercle vicieux qui commence et s'achève dans notre esprit.

Je vois que vous souriez… Ce qui est magnifique, c'est que tout ça veut dire que notre peur de l'échec et de l'inconnu n'a rien de réel. C'est juste une construction de notre esprit, l'effet secondaire de nos expériences, voire de pures inventions. On considère souvent nos convictions comme des réalités indéniables, mais elles n'en sont pas. Nous les fabriquons et elles n'ont pas d'autre réalité que celle qu'on leur accorde. Essayez maintenant de considérer vos pensées comme une partie de votre corps, au même titre que vos bras ou vos jambes.

Vous êtes désormais conscient de votre foulée, eh bien je veux que vous soyez tout aussi conscient que vos pensées ne font pas partie de vous et ne sont pas ce que vous êtes.

Un fois qu'on l'a compris, c'est un immense pouvoir : si nos pensées n'ont de réel que le crédit qu'on leur accorde, ça veut dire qu'on peut en faire de bonnes ou de mauvaises histoires. Nous avons le choix. On peut se fixer tous les objectifs qui nous passent par la tête : franchir une ligne d'arrivée, battre son record… Quand nos pensées sont bloquées sur une mauvaise histoire, elles deviennent des obstacles. Quand elles en racontent une belle, ce sont des instruments d'une incroyable efficacité. Si les pensées négatives proviennent de mauvaises expériences, on peut aussi aller en chercher de bonnes dans notre passé pour les remodeler et faire en sorte qu'elles deviennent utiles.

Ne croyez pas qu'il faille bannir toutes les pensées négatives. Ce n'est pas ce que je vous demande. Il n'y a ni pilule ni méthode pour formater notre esprit, pour le remplir de belles histoires qui conduisent au succès. Les peurs seront toujours là, parce que l'inconnu est partout. L'idée n'est pas de les faire disparaître, mais de les comprendre, de se rendre compte qu'elles ne correspondent pas à la réalité et de les dépasser pour aller au bout de nos rêves.

Beaucoup de gens s'imaginent que les athlètes de haut niveau n'ont pas de pensées négatives, qu'ils sont un peu surhumains, au-dessus du commun des mortels. J'ai connu beaucoup de ces « surhommes » et je peux vous dire qu'ils ont les mêmes peurs et les mêmes doutes que nous. Ils les gèrent juste différemment, souvent pour les tourner à leur avantage.

Au lieu de bannir vos craintes et de censurer les mauvaises histoires qu'elles racontent, prenez-en pleinement conscience, identifiez-les pour ce qu'elles sont – rien d'autre que des pensées – et allez de l'avant quoi qu'il arrive. Y parvenir et se raconter de belles histoires, c'est se donner les moyens de vivre la vie dont on rêve.

## DANS LA ZONE

Génial, non ? Ça donne des idées ! J'espère que vous le pensez aussi, même si vous n'êtes pas totalement convaincu. Je ne m'attends pas à ce que vous le soyez... Pas encore. Vous jugerez sur pièce. Il faut le vérifier soi-même, sans quoi ce ne sont que des mots. Ils seront vite oubliés si vous ne les mettez pas en pratique, tout comme les leçons de gestuelle. Expliquer comment s'y prendre est une chose, mais c'en est une autre de le faire au quotidien, d'améliorer sa technique et de voir qu'on gagne en vitesse comme en endurance. Procédez de la même façon avec vos pensées. Pouvez-vous concevoir dès à présent que tout devient possible quand on sépare nos actes de nos pensées ?

Ralentissez un peu. Je ne sais pas si vous avez remarqué, mais vous avez pas mal accéléré pendant cette discussion sur le dépassement des peurs et l'invention de belles histoires. C'est un formidable booster, surtout quand on commence à voir comment le corps réagit aux pensées.

Je m'en suis rendu compte quand j'étais enfant. C'était la veille d'un match de baseball. J'étais tout excité et certain de deux choses : un, j'avais peur de rater la balle ou de la mettre hors-champ quand je serais à la batte ; deux, je tenais absolument à faire un *home run*[15]. Plutôt que de rester bloqué sur la première, je me suis concentré sur la seconde. J'ai imaginé comment j'allais me mettre en place, comment la balle allait arriver et la sensation de la frappe : Bam ! Je la voyais filer au-dessus de l'ailier gauche, passer le mur du stade et disparaître. Ciao, ma belle ! Avant d'aller me coucher, j'ai dit à ma mère que les choses allaient se passer exactement comme ça et – devinez quoi ? – c'est ce qui est arrivé. Jamais je n'avais donné un tel coup de batte.

Pourquoi est-ce arrivé ? Quel lien y a-t-il entre le corps et l'esprit ? Comment ai-je dépassé mes peurs et fait en sorte que les choses deviennent possibles ? Était-ce dû à la chance, à un lancer trop lent ou à un coup de vent ?

À 13 ans, je n'avais aucune réponse à ces questions, mais ce dont j'étais sûr, c'est que mes pensées avaient contribué à ce résultat.

OK, je crois que je vais un peu vite. Avec mes athlètes et dans ma propre vie, j'ai vu souvent ce que le mental permet d'accomplir et je tiens à ce que vous en profitiez le plus tôt possible. Voilà pourquoi je m'emballe.

Ralentissons encore un peu. Vous allez vous épuiser si vous forcez l'allure dans cette montée. Laissez le sentier venir à vous et continuez à enjamber ces troncs imaginaires. J'ai encore une ou deux choses à vous dire de la « théorie Orton », mais nous passerons

15. Coup qui permet au batteur de passer par toutes les bases et de marquer un point (NDT).

très vite aux travaux pratiques, des choses qui vous serviront dès maintenant, avant que nous ayons atteint le sommet.

Je pense que vous comprenez maintenant comment nos pensées, si infondées soient-elles, conditionnent nos actes. Elles tournent en boucle et se nourrissent d'elles-mêmes, qu'elles soient positives ou négatives, suivant les histoires que nous nous racontons. Si vous en prenez conscience, vous pouvez rompre ce cycle.

Le premier jour, quand nous avons travaillé les points fondamentaux de la gestuelle, j'ai remarqué à un moment donné que vous étiez complètement dans ce que j'appelle « la zone ». Vous couriez lentement sur la piste, concentré sur la pose de l'avant du pied, la respiration, la montée du genou, l'extension façon tir à l'arc et le balancement de vos bras. À l'expression de votre visage, on pouvait voir que vous n'aviez rien d'autre à l'esprit. Vous étiez totalement dans le présent. Votre peur de ne pas y arriver s'était dissipée. Je suis sûr qu'à ce moment-là, vous avez eu l'impression que le temps s'écoulait plus lentement. La distance et la fatigue n'avaient pas d'importance. L'attention que vous portiez à ce que vous faisiez vous avait fait entrer dans « la zone » et c'était formidable.

Or, cette attention fonctionne aussi avec ce qui se passe dans nos têtes et elle peut nous libérer de la peur, nous donner la force de décider de notre avenir.

Pourquoi ? Quand ? Comment ?

Que vous en ayez conscience ou pas, votre esprit fonctionne en permanence pour interpréter le monde qui vous entoure, souvent sur la base des expériences que vous avez vécues. C'est un peu comme si vous vous parliez tout le temps, sans même vous en rendre compte. Ce que vous vous dites est souvent négatif – vous essayez de savoir si vous réussirez à faire quelque chose et vous vous dites que non. Comme je l'ai déjà dit, vous revoyez alors vos ambitions à la baisse. Ce genre de raisonnement revient tout le temps, le plus souvent de façon inconsciente, parce qu'il est profondément enraciné.

En revanche, il s'arrête dès lors que vous en prenez conscience, ce qui permet d'entrer dans la zone, de ne plus chercher à prédire l'avenir ni à l'envisager en fonction du passé. Plutôt que de renforcer vos pensées, vous pouvez les considérer pour ce qu'elles sont : des histoires que vous vous êtes fabriquées de toutes pièces. Elles n'ont aucun fondement. Une fois que vous en avez pris conscience, vous êtes libre de vos choix, qui ne sont plus conditionnés par la peur mais par vos objectifs. Vous n'agissez plus en fonction de vos croyances, mais de vos souhaits.

Je vais vous donner un exemple de la façon dont ça a fonctionné à une petite échelle avec un de mes athlètes. Je vous montrerai ensuite, avec quelques exercices, comment ça peut marcher pour vous.

Vous vous souvenez de l'exercice du scorpion, dans le programme de renforcement ? Il y a quelques années, un coureur de Pennsylvanie est venu me voir pour s'entraîner. Il était assez athlétique, plutôt en forme et d'un niveau moyen au marathon. Il avait un problème de genou, voulait s'améliorer globalement et, pourquoi pas, passer à l'ultra. Il avait clairement des problèmes de stabilité, de souplesse et de faiblesse des fessiers, mais rien d'insurmontable.

Je lui ai fait faire la première série d'exercices avec plan incliné et tout s'est très bien passé. Nous avons attaqué ensuite les exercices dynamiques avec *fitball.* Arrivé au scorpion, quand il a fallu effectuer la rotation de la hanche et pointer le genou vers le bras opposé – vlan ! – il s'est retrouvé par terre. Il n'est pas tombé à la deuxième tentative, mais ça partait dans tous les sens. C'était un battant et il a multiplié les tentatives, mais il n'est jamais parvenu à le faire correctement. Je voyais bien sa déception. Il m'en a d'ailleurs parlé, mais nous sommes passés à autre chose.

Deux jours plus tard, nous avons repris le renforcement et il a de nouveau été question du scorpion. Décidé à y échapper, il a dit qu'il réessayerait plus tard, peut-être dans quelques mois, quand il aurait acquis un peu plus de dextérité. J'ai dit OK, puis je lui ai demandé de s'asseoir. Il m'a regardé bizarrement. Je suis resté sans expression. Il a fermé les yeux et je lui ai dit de se concentrer sur ce qui lui passait par la tête quand il pensait au scorpion :

– Il ne faut pas juger. Ce ne sont que des pensées. Ce n'est pas parce qu'elles sont mauvaises que tu l'es toi aussi. Nous en avons tous. Essaie juste d'en prendre conscience, ai-je expliqué.

– Je pense que je n'ai pas besoin de cet exercice. J'ai trop de tensions dans les quadriceps. Ça ne fera pas de moi un meilleur coureur. Je vais tout faire correctement, mais ça ne marchera pas, a-t-il répondu.

Je lui ai alors demandé de réfléchir à ce qui l'amenait à cette conclusion. D'où venait-elle ? Avec beaucoup d'honnêteté, il a dit qu'il avait un sens très marqué de la compétition et qu'il préférait ne pas se ridiculiser avec un exercice qui ne posait pas de problème aux autres.

Soudain, il était conscient de ses pensées. Elles avaient cessé de tourner en rond dans sa tête, ce qui l'empêchait de réussir. Sa frustration était due à la peur d'échouer. Pouvez-vous repérer ça en vous ?

Je lui ai dit : « Tout le monde se fiche que tu ne saches pas faire le scorpion. Essaye donc ! Entraîne-toi ! Soit tu gardes tes pensées négatives, soit tu te dis : "Je n'ai pas la trouille de ce truc-là. C'est fait pour être difficile." Contente-toi d'en faire un correctement et imagine quand tu en feras dix, dans quelques mois. »

Il pouvait désormais décider en connaissance de cause, plutôt que de se soumettre à sa peur du ridicule, ce qui lui a permis de se lancer. C'était il y a très longtemps. Il est devenu depuis un expert du scorpion. Ça n'était pas très important pour lui. Un autre exercice aurait très bien pu faire l'affaire, mais il fallait qu'il prenne conscience de ce qu'il avait dans le crâne, qu'il comprenne que ce n'était rien d'autre que des pensées déconnectées de la réalité. Il devait comprendre comment elles affectaient ses actes et trouver un moyen d'être dans la zone, le présent, de faire des choix en connaissance de cause.

Vous vous souvenez du Grand Gazou, dans la Famille Pierrafeu ? C'est le petit extraterrestre vert avec un gros casque, qui chuchote sans arrêt à l'oreille de Fred Pierrafeu. Ça peut paraître ridicule, mais nous avons tous notre Grand Gazou invisible avec lequel nous dialoguons à longueur de journée. Le laisser prendre les décisions à notre place, c'est renoncer à être maître de notre destin et obéir à nos craintes. Prenez conscience de l'existence de votre Grand Gazou, faites-le taire et laissez-vous guider par vos ambitions plutôt que par vos peurs.

Commencez par prendre conscience de vos pensées, voyez à quel point elles conditionnent vos actes. Et essayez dès à présent d'adopter cette philosophie.

C'est parti ! Que se passe-t-il à cette seconde sur le sentier de Coal Creek ? Nous venons d'arriver sur un alpage. Des nuées de papillons tourbillonnent autour de nous. Nous sommes à mi-chemin de l'arête. Oui, celle qui a l'air d'être verticale… C'est là que nous allons.

Nous avons levé le pied, mais vous êtes quand même bien essoufflé. Vous vous dites que vous êtes fatigué et vous demandez si vous viendrez à bout des 1 000 mètres de dénivelé qui restent ? Ouais, c'est ce que vous allez vous envoyer aujourd'hui… Mille mètres de dénivelé positif. Vous avez peur de ne pas pouvoir suivre mon rythme ? Vous pensez qu'il vous faudra plus de pauses ? Vous vous demandez même si vous allez y arriver ?

Examinez ces pensées. Ce sont des peurs de ce qui va advenir. Vous ne savez pas encore si vous allez devoir marcher sur la dernière portion de l'arête et cette crainte est due au besoin de savoir. Cassez ce cycle en prenant conscience du présent. Faites attention à votre allure, à votre respiration, à votre gestuelle. Procédez à une autoévaluation. Concentrez-vous sur ce que vous pouvez faire maintenant, pas sur ce qui va se passer quand nous attaquerons les lacets menant à l'arête. Ce qu'il faut décider maintenant, c'est comment courir les 15 mètres qui viennent. Savourez la quête, pas son aboutissement.

Mettez-vous dans la peau de Chris Sharma. Ce nom vous dit quelque chose ? C'est l'un des meilleurs grimpeurs au monde. Pour venir à bout d'une voie en Espagne, il a dû faire une centaine de tentatives. Cent tentatives, une voie, pas de corde et, chaque fois qu'il échouait, il faisait une chute de 10 à 12 mètres dans l'eau. À chaque nouvel essai, il voulait essayer d'aller plus loin et c'est devenu plus fort que lui. Il est tombé amoureux de ce que les grimpeurs appellent « le projet », c'est-à-dire l'effort au présent. Faites comme Chris Sharma quand vous craignez de ne pas finir une course ou une séance d'entraînement. Pensez à lui puis reconcentrez-vous sur la prochaine foulée.

Projetons-nous quand même un peu. Quand vous serez dans votre cure de désintoxication de 20 jours, soyez également attentif à vos pensées. Une fois de plus, ne les jugez pas, qu'elles soient bonnes ou mauvaises. Faites juste attention à ce que vous vous dites. Notez-le si ça peut vous aider. Voyez comment les émotions, les croyances, les sensations imprègnent nos pensées quand on essaye de faire les bons choix alimentaires. La cure de désintox est particulièrement propice parce qu'elle est précise, structurée et – disons-le – difficile.

Vous vous dites : « Ça ne vaut pas la peine. Mon régime habituel me convient bien. C'est dingue. Je ne tiendrai jamais trois semaines. La vie est bien assez compliquée comme ça. Impossible d'être si difficile au restaurant. J'ai bien mérité une douceur. Quel mal ça peut bien me faire ? »

Est-ce que vous êtes conscient de ces pensées, du fait qu'elles ne sont pas la réalité ? Vous remarquez qu'elles perdent leur pouvoir quand vous les identifiez ? Alors, il suffit d'une décision. Être au meilleur de sa forme ne tient qu'à une décision.

Faites-en un jeu. Voyez à quelle vitesse vous êtes capables de repérer ce genre de pensées. Ne craignez rien, toutes ces voix qui tournent dans votre tête ne veulent pas dire que vous êtes fou. Personne n'échappe à ce dialogue intérieur, mais tout le monde n'en a pas suffisamment conscience pour rompre le cercle vicieux et s'affranchir de son emprise. L'idée n'est pas de se débarrasser de ces petites voix ni même de les changer – tout le monde en a, même les meilleurs d'entre nous – mais d'apprendre à les reconnaître, à s'écouter, à comprendre que ce ne sont rien d'autre que des pensées. Elles n'ont de conséquences sur nos actes et notre nature que si nous les laissons faire.

Creusez encore plus profond. Entrez en conversation avec elles. Demandez-vous pourquoi vous avez ces pensées. « Pourquoi est-ce que j'ai l'impression d'avoir besoin d'une pizza ? Pourquoi n'ai-je pas envie d'aller courir aujourd'hui ? Pourquoi ai-je besoin de m'entraîner alors qu'il s'agit d'une journée de repos ? » Examinez vos pensées et continuez à aller vers elles. Ne les laissez pas nuire à vos actes ou vous empêcher d'atteindre vos buts, à court ou à long terme.

Plus vous le ferez, plus vous serez dans la zone. Une fois de plus, amusez-vous à repérer ces pensées et ces craintes. Dites-vous : « Tiens, encore elle… » Ne vous en faites pas si les idées noires continuent à se présenter. Vous ne cherchez pas à vous en débarrasser. L'important est que vous sachiez les reconnaître et vous le ferez de mieux en mieux. Ce n'est pas différent du renforcement musculaire.

Vous avez l'air fin prêt pour attaquer les derniers mètres de l'ascension. Vous êtes dans la zone. Combien de fois ça vous est arrivé de ressentir ça ? Vous savez, cette impression que rien ne peut mal tourner, que tout est à sa place. Vous pouviez tout voir, tout maîtriser. Vous vous sentiez invulnérable, mais n'en tiriez aucune conclusion ni aucune satisfaction particulière. Vous étiez simplement en paix, en harmonie avec ce que vous faisiez et vous ne pouviez pas échouer. Le panier de basket avait l'air plus grand, vos adversaires semblaient plus lents. Vous anticipiez leurs déplacements et celui du ballon. Vous étiez fort, rapide, concentré et plein d'énergie. Vous respiriez sans difficulté. Vos muscles étaient aussi frais qu'au début de la partie. Rien n'existait plus en dehors du terrain, de la piste ou du stade. Vous étiez dans le présent et, en même temps, un peu au-dessus.

Sublime, non ? On aime tous être dans la zone, mais personne ne sait comment on entre dans cet état idéal. Il est à la fois très riche et très imprévisible, voire désespérément inaccessible. Être au meilleur de votre forme, avoir d'emblée une réussite qui met en confiance, être acclamé par le public ou encouragé par un ami peut vous aider à y accéder, mais une seule condition est toujours nécessaire : il faut être dans l'instant, le *flow*.

Beaucoup utilisent indistinctement les deux termes, mais, pour moi, la zone et le *flow* sont deux choses différentes. Être dans le *flow* est un préalable pour entrer dans la zone. Ça veut dire être pleinement attentif à l'instant présent, faire attention à mettre un pied devant l'autre, à votre respiration, à votre posture, à vos mouvements et rien d'autre. Le passé, l'avenir n'ont plus d'importance. Dès qu'on prend conscience de ce qu'on fait ou de ce qu'on pense, les pensées parasites cessent. Le temps s'allonge du fait de cette conscience accrue. On se sent prêt à tout et détendu. Pénétrer dans la zone, y être vraiment, c'est une façon de se trouver. Toutes vos facultés physiques et mentales se combinent si parfaitement que plus rien n'est impossible.

Le plus beau, c'est qu'avec la pratique, on peut atteindre cet état n'importe quand. À chaque séance, à chaque course, il suffit d'être focalisé sur l'instant présent.

# DÉTERMINEZ VOS OBJECTIFS

Asseyez-vous sur ce rocher. Prenez un moment pour vous imprégner de la vue, comme le faucon qui vole en cercles en contrebas. Oui, en contrebas. Nous sommes à 3 000 mètres, au-dessus de l'altitude où volent les faucons. Il y a des montagnes à perte de vue dans toutes les directions. Respirez cet air aussi pur que le bleu du ciel. Votre ascension a été fantastique. C'est formidable que vous soyez resté dans la zone. À voir vos yeux, on dirait que vous avez un petit coup de *Freebie*. Respirez à fond. Buvez un peu d'eau. *Freebie* ? C'est comme ça qu'on appelle l'ivresse due à l'altitude, ici, à Jackson. C'est moins cher que le bar.

Pendant que vous admirez le paysage, je vais vous expliquer comment l'attention peut nous permettre de comprendre à peu près tout ce qu'on veut. Ce que je vais vous dire n'est pas banal. Prenez le temps de l'intégrer, de le digérer. On y va : si notre expérience influence notre façon de voir le présent et que cette façon de voir influence à son tour nos actes, alors – tenez-vous bien, c'est maintenant – notre façon de voir le présent façonne l'avenir.

Voilà pour le principe philosophique. Voyons maintenant comment imaginer l'avenir qu'on souhaite et comment faire en sorte qu'il se réalise. Fixer vos objectifs va être assez amusant et nous sommes dans le lieu idéal pour laisser l'esprit vagabonder. C'est la première étape pour réaliser ce qu'on veut. J'appelle ça du rêve éveillé, mais avec une condition : il faut vous débarrasser de toutes vos idées négatives sur le monde qui vous entoure. Il ne s'agit pas de rester les yeux dans le vague, comme derrière la fenêtre d'une salle de classe, et vous ne risquez pas de vous faire taper sur les doigts. Je parle d'un autre genre de rêve éveillé, d'un voyage dans votre esprit, un cheminement au gré des chemins qui se présentent. Pas besoin de carte ni de destination, du moins pas encore.

Vous pouvez commencer dès maintenant, sur cette arête, mais vous devez le faire chaque fois que vous avez un moment. J'aime laisser mon esprit divaguer pendant les sorties longues, ou en écoutant de la musique, le matin en buvant mon café, ou encore le soir, en sirotant une tisane. Choisissez un lieu où les sollicitations sont minimales, qu'il soit privé ou public. Fermez les yeux ou pas. Croisez les jambes si vous en avez envie. Faites tout ce qui peut rendre la situation plus confortable.

Débarrassez maintenant votre esprit de tout ce qui fait le présent et pensez à ce que vous rêvez d'accomplir en course à pied. Pas de censure. N'hésitez pas à fantasmer. Pourquoi pas la traversée du Grand Canyon, votre premier 10 kilomètres, un 100 *miles* ou la qualification pour le marathon de Boston, voire les Jeux olympiques, ou encore réaliser un temps canon sur une distance donnée ?

Détendez-vous au maximum pour ne pas vous demander si vous en êtes capable ou non. Ce genre de question ne doit pas perturber votre rêverie. Les pensées vont évidemment affluer. Il y en aura de mauvaises, mais il faut les reconnaître sans cesser de rêver. Voyez les choses en grand. Allez chercher le rêve le plus ambitieux, le plus fou, le plus gratifiant que vous puissiez imaginer. Je veux que vous trouviez celui qui vous électrise au point de vous donner la chair de poule. Plus vous serez enthousiaste et mieux ce sera. Laissez le sourire vous gagner. On se fiche éperdument que ce soit faisable ou pas. Ce doit être votre rêve ultime.

Continuez à divaguer. Laissez vos pensées aller dans plusieurs directions. Amusez-vous sans juger. Essayez de trouver un objectif mesurable, plutôt qu'une émotion ou un état d'esprit. C'est super si vous vous dites : « J'aimerais me sentir en pleine forme », mais n'en restez pas là. Qu'est-ce qui, précisément, peut vous amener à vous sentir dans un état de forme que vous n'avez jamais ressenti ? Continuez… Qu'est-ce qui vous enthousiasme le plus ? Qu'est-ce qui vous fait vraiment vibrer ?

Dans les jours et les mois qui viennent, ne cessez pas de rêver. Ça doit devenir un moment agréable et drôle, sans règles. Imaginez la vie ou la course de vos rêves. Laissez votre esprit dériver. N'essayez pas de l'orienter vers ce qui vous paraît « raisonnable ». Faites confiance à votre instinct. Quand votre Grand Projet – puisque c'est bien ce que vous allez trouver avec cette méthode – commencera à se dessiner, vous saurez le reconnaître. S'il s'agit d'un objectif à long terme, c'est très bien. Si c'est plus immédiat, très bien aussi. C'est la combinaison des deux ? Formidable ! Rien n'empêche de courir plusieurs Grands Projets à la fois. Comme je vous l'ai dit, il n'y a pas de règles. Vous devez apprécier ces moments, parce que ce processus créatif peut être très drôle. C'est un véritable jeu, le jeu de la vie. À quoi pourrait ressembler la vôtre ?

Mon Grand Projet à moi m'est venu il y a des années en divaguant. C'est qu'il y ait un coureur dans chaque foyer. Je veux faire partager la joie et les bienfaits de la course à pied avec le monde entier. C'est sans doute impossible, mais c'est mon rêve et je fais tout pour qu'il se réalise.

Une fois que vous avez trouvé le vôtre, appréciez l'enthousiasme qu'il vous procure. C'est fabuleux, non ? Si cet enthousiasme est mêlé d'un peu de crainte, c'est tant mieux. Vous savez pourquoi ? Parce que la peur est un bon instrument de mesure. Elle signifie que votre Grand Projet vous tient à cœur, que vous avez choisi le plus ambitieux, le plus dingue à vos yeux. « S'il semble impossible, c'est sûrement qu'il en vaut la peine. »

La peur est un bon témoin. Quand on l'empêche de nous dicter nos actes, elle peut même être une force motrice. Si vos ambitions vous rendent un peu anxieux, nerveux, inquiet, c'est le signe que vous avez trouvé les bonnes. La peur est souvent une condition pour accomplir de grandes choses, des choses qui paraissent impossibles. Hors de question pour moi de me débarrasser de la peur. J'en veux même plus. Il faut l'accepter. Il faut l'aimer.

Peut-on réaliser n'importe quel Grand Projet ? La question vient évidemment à l'esprit et on me la pose sans cesse. Si vous êtes honnête avec vous-même et si vous laissez l'intuition vous guider, je pense que la réponse est oui. Pour le moment, je ne m'imagine pas en maître du monde libre, assis dans le Bureau ovale, ni remporter le titre olympique du lancer de poids. Ces ambitions, qui peuvent paraître tout à fait raisonnables à d'autres, ne m'ont jamais effleuré, alors qu'un coureur dans chaque foyer… Pour moi, c'est une idée qui en vaut la peine.

Une fois votre Grand Projet défini, le moment est venu d'aborder les méthodes qui permettent de le réaliser.

## L'ENTRAÎNEMENT MENTAL

Commençons à redescendre de l'arête. Quand l'inclinaison est aussi forte, il faut faire de tout petits pas et poser les pieds de côté. Difficile de garder l'équilibre sur ce versant plein de pierraille et de terre sèche. Nous nous remettrons à courir un peu plus bas. Imaginez que vous descendez à vélo. La montée nous a pris une heure, mais il nous faudra moitié moins pour redescendre. Comme ça demande moins d'efforts, vous pourrez mieux profiter du paysage. Quand les trembles changent de couleur à l'automne, on dirait que le massif tout entier a été repeint en jaune. Ce versant est, à votre droite, est un hors-piste incroyable en hiver.

Je suis convaincu qu'être un athlète se décide et qu'on peut tous l'être, quelles que soient nos capacités naturelles. C'est un état d'esprit, un mode de vie, un choix. Pendant la descente, j'aimerais que vous imaginiez comment vous allez utiliser les méthodes que je suis en train de vous expliquer pour renforcer votre mental d'athlète. Mantras, rituels et visualisation sont des facteurs essentiels de la performance sportive et de la réalisation de vos objectifs quotidiens. C'est aussi important que la gestuelle ou la force. J'aimerais juste que vous fassiez un essai. Travaillez ce point pendant plusieurs mois. Voyez la différence en termes de performance et d'état d'esprit.

La première des trois étapes, c'est de choisir un mantra.

## 1. MANTRAS

Dans la tradition sportive, un mantra est un mot ou un ensemble de mots qu'on répète souvent pour se concentrer et optimiser les performances. La plupart des athlètes de haut niveau, pour ne pas dire tous, les utilisent consciemment ou pas. Personnellement, je vous recommande d'utiliser un mantra pour revenir dans l'instant. Votre mantra permet de focaliser votre esprit et de couper court à toutes les pensées négatives qui vous empêchent de donner le meilleur de vous-même.

Choisissez trois mots évoquant les qualités requises pour réaliser votre objectif. Mieux vaut les identifier en vous interrogeant sur la nature des obstacles que vous aurez à franchir pour accomplir votre Grand Projet que de les piocher au fond d'un chapeau. Plongez en vous pour anticiper les craintes et les pensées négatives qui vont surgir pendant l'accomplissement de votre objectif. Voilà quelques exemples de pensées négatives :

- Mon emploi du temps est trop chargé. Je n'ai pas le temps de m'entraîner.
- Je n'ai pas les qualités naturelles nécessaires.
- Je suis trop vieux, trop jeune ou en mauvaise condition physique.
- Les gens pensent que je suis dingue d'en faire autant.
- C'est la crise de la quarantaine. Je ferais mieux de m'acheter un cabriolet rouge.
- Mes blessures vont repointer leur horrible nez.
- Ça va me coûter trop cher.
- Mes belles années sont derrière moi.

Dressez une liste aussi longue et détaillée que possible. Fouillez votre esprit de fond en comble, mettez vos craintes les plus enfouies au grand jour. Écrivez-les. Quand vous aurez achevé cette liste, demandez-vous quelles qualités, quels sentiments sont nécessaires pour surmonter et dissiper ces craintes quand elles se présentent. En général, ce sont des états émotionnels où, mieux, des mots désignant des actions, qui vous donneront la force d'affronter la dernière portion d'une course, la partie la plus dure d'une séance d'entraînement, le froid du petit matin quand vous êtes au chaud sous la couette. Votre mantra doit vous aider à rester dans l'instant quand ça devient difficile, quand vos doutes et vos craintes refont surface.

Les trois mots de votre mantra doivent en outre impliquer une réaction à la fois physique et émotionnelle. Ils doivent résonner en vous de façon quasi viscérale, évoquer des caractéristiques que vous admirez chez les autres ou des traits de caractère dont vous vous croyez privé, mais que vous aimeriez avoir depuis toujours. Et, pour finir, ils doivent évidemment être positifs.

Voilà à titre d'exemples quelques-uns des mots que mes athlètes utilisent sous forme de mantra :

- tenace
- confiant
- invincible
- autonome
- fort
- efficace
- plein de ressources
- battant
- patient
- déterminé
- volontaire

Sur la base de cette liste, votre mantra pourrait être : « Fort, autonome, tenace ». Vous pouvez aussi en faire une phrase, mais n'oubliez pas qu'elle doit s'articuler autour de vos trois mots, ce qui pourrait donner par exemple : « Je suis fort, autonome et toujours tenace. » Consacrez un peu de temps à l'élaboration de votre mantra, à la recherche des sentiments qu'il doit vous inspirer et dont vous avez besoin.

Quand vous l'avez trouvé, écrivez-le en majuscules. Vous êtes alors prêt à aborder la deuxième étape de l'entraînement mental : le rituel.

## 2. LE RITUEL

Nul doute que vous en avez déjà utilisé pour un examen, un entretien d'embauche ou une course. Si ça se trouve, vous êtes même un habitué du rituel sans le savoir. Vous connaissez certainement des coureurs qui portent toujours le même short ou les mêmes chaussettes en compétition, eh bien, ce sont des rituels. Même chose pour le lanceur qui veille à ne pas marcher sur les lignes du terrain de baseball quand il vient se mettre en position. Avant les matches de football américain, quand je me sens prêt mentalement, j'enfile mon casque et je ne le retire jamais avant le coup de sifflet final. Rituel. Quand j'attends une remise en jeu, je saute cinq fois sur chaque pied. Rituel.

Comme les mantras, les rituels nous permettent de nous reconcentrer, de nous ramener dans l'instant. Ils sont encore plus efficaces quand on les associe aux mantras. Pour créer le vôtre, pensez à une chose facile à faire, discrète, faisable n'importe quand et n'importe où, sans détourner votre attention ni celle des autres et sans efforts. Vous devez pouvoir effectuer ce rituel en courant ou dans un lieu très fréquenté, quand le besoin de revenir dans l'instant et de reprendre conscience de vos objectifs se fait sentir.

Pour ma part, je cligne trois fois des yeux. Voilà mon rituel. J'aime associer les trois mots de mon mantra aux trois actes de mon rituel. Vous pouvez très bien vous taper trois fois sur la cuisse, claquer des doigts, agiter les orteils, serrer et desserrer le poing, vous pincer trois fois le lobe de l'oreille… À vous de trouver le truc. Une fois le mantra et le rituel définis, le moment est venu d'ajouter la visualisation à ce puissant élixir.

## 3. VISUALISATION

Comme vous avez pu vous en rendre compte, je crois beaucoup au pouvoir des images mentales. J'ai du mal à comprendre pourquoi les gens ne les utilisent pas plus. Ils se privent d'un grand pouvoir.

Il y a de multiples façons de tirer parti de la visualisation. Je vais commencer par vous expliquer comment elle permet de mettre les émotions en accord avec votre mantra et votre rituel, ce qui en accroît le pouvoir. C'est très efficace parce que les émotions stimulent à la fois le corps et l'esprit. Je vous dirai ensuite comment utiliser cette technique de visualisation pour entrer dans la zone, parce que c'est bien ce qu'elle vous permettra de faire.

## Visualisation – Préparation à la navigation sur les canaux de votre esprit

Plus vous pratiquerez la visualisation, plus vous progresserez. Je vous invite à le faire pour accroître le pouvoir de votre mantra et de votre rituel, mais aussi de votre esprit en général. Considérez ça comme un entraînement pour améliorer sa force et son endurance.

Faites-le de préférence chez vous, dans un lieu calme et à l'abri des distractions. Le moment privilégié pour moi, c'est le petit matin, quand je suis le plus vigilant. À vous de trouver le vôtre. Il s'agit d'un échauffement, d'un moyen pour vous entraîner à visualiser les cheminements de votre esprit.

Fermez les yeux, respirez normalement et revenez à un instant précis de la semaine dernière, un moment d'une importance particulière ou riche en événements. Il peut s'agir d'une sortie longue, d'un dîner romantique, d'un pot avec vos collègues… Revenez à ce jour précis comme si vous étiez un observateur. Soyez attentif au contexte, à l'ambiance. Êtes-vous en train de sourire, de rire ? Est-ce plutôt calme ou bruyant ? Revivez cet instant.

Passez maintenant à un autre jour, hier par exemple. Pensez à un instant précis. Il faut le voir, le sentir, l'entendre. Sans cesser de suivre le cheminement de votre esprit, projetez-vous maintenant dans l'avenir.

Visualisez ce qui se passera dans deux jours. Imaginez ce que vous allez faire, comment vous serez habillé, qui vous verrez. Focalisez-vous par exemple sur la sortie longue avec vos amis ou la course que vous avez prévues. Faites-en quelque chose de concret. Enfin, revenez à aujourd'hui, à cet instant, et ouvrez les yeux.

Votre état d'esprit correspond maintenant à celui d'un moment du passé pendant lequel vous vous sentiez investi des qualités de votre mantra, quand vous étiez le plus fort, le plus autonome et le plus tenace. Souvenez-vous d'un instant ou d'un événement pendant lequel vous avez fait preuve de ces qualités. Remontez aussi loin que vous voulez, à condition que le souvenir de cet instant soit encore frais et précis. Revenez à ce moment, fermez les yeux et retrouvez ce que vous aviez alors à l'esprit.

Quand vous y êtes, revivez-le, rendez-le aussi réel que possible en vous souvenant d'un maximum de détails, comme les bruits, les gens, le lieu. Faites comme si vous y étiez, mais souvenez-vous surtout de la satisfaction que vous éprouviez, de la force, de l'autonomie et de la ténacité qui vous habitaient à ce moment-là. Prenez tout le temps qu'il faut pour revenir à cet instant. Appréciez-le à nouveau. Une fois que vous y êtes, voyez comme les souvenirs produisent des émotions, comme la visualisation du passé ramène immédiatement des sensations bien réelles dans le présent.

Chaque fois que vous répétez cet exercice, vous augmentez la faculté de votre mantra et de votre rituel à vous ramener dans l'instant. Une fois que ce moyen fait partie de votre arsenal, vous pouvez le mettre au service de votre Grand Projet. Mantra et rituel associés à la résurgence de sentiments positifs dissiperont vos craintes et vous rappelleront que ce sont les fruits de votre imagination. Une fois ces craintes surmontées, vous pouvez vous reconcentrer sur votre objectif de l'instant présent. Vous avez la capacité d'être exactement ce que vous voulez être et d'agir chaque fois que vous en avez besoin.

Quand les difficultés se présentent, quand votre ego en prend un coup et que vos rêves semblent s'éloigner, retrouvez le moment présent grâce au mantra et au rituel, mais ne les utilisez pas seulement dans les moments difficiles. Si vous avez besoin d'un coup de fouet pendant une course ou une séance, ou même à n'importe quel moment de la journée, aussi bien physiquement que mentalement, cette méthode vous rendra service. Mantra, rituel et émotions vous permettront de donner le meilleur de vous-même.

Vous voilà maintenant prêt à utiliser la visualisation pour vous entraîner mentalement et vous préparer à faire face aux défis du quotidien. Vous serez certainement amené à le faire souvent, comme moi. C'est essentiel pour accomplir les performances que vous visez. Prenons par exemple une course que vous avez prévue. Si elle est importante pour vous, pendant la semaine qui précède, passez un peu de temps chaque soir à pratiquer cette méthode de visualisation. Prenez l'habitude de le faire et faites-le de mieux en mieux. Cela dit, vous pouvez pratiquer n'importe quand, même quelques minutes avant le départ ou chaque fois que vous avez besoin de fournir une bonne prestation.

Je vais maintenant vous expliquer en détail comment procéder chaque soir avant la course. Fermez les yeux. Projetez-vous vers cette course. Commencez par la veille au soir. Vous vous voyez prendre un dîner copieux, vous préparer à aller vous coucher puis vous endormir paisiblement. Les scènes doivent être aussi détaillées que possible. Vous vous réveillez le jour de la course. Quelle heure est-il ? Sentez l'énergie qui vous parcourt quand vous sortez tranquillement du lit, appréciez cette sensation de vitalité qui irradie de vous. Vous prenez votre petit-déjeuner d'avant-course. Ressentez précisément ce que vous voulez ressentir le moment venu… Une légère anxiété, un peu de nervosité. Souriez et dites-vous : « Parfait. »

Vous vous habillez maintenant pour la course. Vous enfilez votre short, votre t-shirt, vous lacez vos chaussures, bien serré. Imaginez votre échauffement. Sentez les inspirations profondes qui réveillent votre musculature. Créer des images aussi conformes que possible à ce que vous voulez ressentir et vivre ce jour-là. Vous êtes au départ, sautillant d'un pied sur l'autre pour rester chaud. Le coup de pistolet retentit. Sentez votre corps se mettre en mouvement. Vous êtes solide, rapide et sûr de vous. Représentez-vous chaque foulée. Pensez au moment difficile, celui où les jambes sont faibles, la respiration pénible et l'envie de ralentir, voire d'abandonner, pressante. Voyez comment vous réagissez, comment vous coupez court à ces pensées négatives, comment vous utilisez votre mantra et votre rituel pour revenir dans l'instant et retrouver encore plus de forces. Représentez-vous chaque moment de la course. Rendez-les aussi réels que possible. Vous entendez les acclamations de la foule. Vous voyez la ligne d'arrivée approcher et votre temps s'afficher sur le chronomètre. Vous passez la ligne. Votre objectif est atteint. Vous levez les bras et votre visage se fend d'un large sourire. Appréciez ce succès. Voyez-le. Créez-le.

Maintenant, rouvrez les yeux. Vous êtes prêt. Votre corps et votre esprit sont désormais au point pour le jour J et sauront retrouver ce que vous avez visualisé. Si vous ressentez un blocage ou deux au cours de cette visualisation, recommencez. Ça n'a rien d'anormal. C'est comme si vous regardiez le film d'un événement qui n'a pas encore eu lieu. Il faut parfois appuyer sur pause, mettre au ralenti ou en accéléré pour voir et comprendre tous les détails. Soyez assidu et n'oubliez pas que votre capacité de visualisation va s'améliorer. Quand vous aurez constaté son efficacité, vous ne pourrez plus vous en passer.

Passons maintenant à votre Grand Projet. Dès lors que vous l'avez défini, voyez-le se réaliser mentalement aussi souvent que possible pendant les semaines, les mois ou les années qui vous séparent de son accomplissement. Visualisez tous les détails, tous les préparatifs et les étapes. Laissez votre esprit dériver dans toutes les directions autour de votre Grand Projet. Projetez-vous le jour de sa réalisation. Sachez précisément quand vous l'aurez accompli. Appréciez cette victoire puis revenez au présent. Ouvrez les yeux et retenez ceci : l'image de votre Grand Projet vous aidera à chaque étape de son accomplissement.

## PERFORMANCE = CONSCIENCE

Nous sommes presque arrivés au bout du chemin. Vous entendez le bruit du torrent ? C'est un son agréable, non ? Voilà le tronc d'arbre qui nous a permis de traverser à l'aller. Faites attention où vous mettez les pieds. Gardez les yeux rivés devant vous. Ce n'est pas le moment de piquer une tête, même si ce serait rafraîchissant. La descente a été rapide. C'était encore une belle sortie.

La conscience… De la philosophie à l'entraînement mental, c'est la clé de tout. Ayez conscience de vos pensées, de vos peurs, et vous pourrez vous concentrer sur vos objectifs. Ayez conscience de l'influence de votre passé, de ses bons comme de ses mauvais côtés. Ayez conscience de votre voix intérieure pour l'empêcher de vous détourner de votre chemin. Ayez conscience de l'avenir, de ce que vous en attendez. Ayez conscience des moments où votre mantra et votre rituel sont nécessaires. Ayez conscience de ce que vous êtes capable de vous représenter. Prenez conscience pour rester dans l'instant et faire en sorte que le champ des possibles reste grand ouvert, dans le sport comme ailleurs. La seule chose impossible, c'est l'échec.

## Chapitre IX

# LE GRAND PROJET

Septième et dernier jour de votre séjour à Jackson Hole. Cette semaine est passée à une vitesse folle. Il y a beaucoup de choses à intégrer, je sais. J'espère que vous y avez pris plaisir. J'espère aussi que ça vous a ouvert de nouveaux horizons, en course à pied comme dans la vie.

Une dernière sortie avant de partir. Vous avez carte blanche. De retour dans le Parc national de Grand Teton, nous prenons un chemin qui traverse un champ de sauge. Une fois desséchées et arrachées, ces plantes deviennent des virevoltants, ces boules végétales qu'on voit traverser la grand-rue à l'heure du duel, dans les westerns. Non, il n'y en pas qu'au cinéma.

Nous arrivons dans un petit hameau, au départ du sentier de Lupine Meadows. Cet énorme sommet droit devant nous, c'est le Grand Teton… 4 197 mètres. Ce sentier est celui qu'empruntent les alpinistes pour aller le gravir. Certains font l'ascension dans la journée. C'est même possible d'atteindre le sommet en trois heures, à condition de faire les 2 000 mètres de dénivelé positif en sprintant, mais il n'y a pas beaucoup d'oxygène, là-haut. La plupart des grimpeurs le font en deux jours. Ils passent la nuit au col entre le Middle et le Grand Teton.

Nous sommes partis suffisamment tôt pour aller jusqu'en haut, si ça vous dit. Ne prenez pas cet air-là. Je veux juste dire que c'est possible. D'ailleurs, le plus tôt serait le mieux, parce que l'altitude des Tetons continue à augmenter. Tous les cent ans, elle gagne à peu près 25 centimètres parce que les plaques tectoniques qui se chevauchent sous nos pieds sont toujours en mouvement, l'une vers le haut, l'autre vers le bas. Ces hauts sommets qui sont partis de tout en bas feraient une jolie métaphore. Je vous laisse y réfléchir.

Continuons notre descente. Nous arrivons à la forêt. Vous vous demandez sûrement ce qui se passerait si nous tombions sur un ours plus gros que celui de l'autre jour. J'ai oublié la bombe lacrymo, mais j'ai l'appareil photo. Je pourrais ramener des images. Très drôle, non ?

Nous passons sur un pont. Attendez un peu. De l'autre côté, il y a une petite surprise. C'est Margot. Ne vous fiez pas à son allure. Cette blondinette frêle comme un oiseau, proche de la cinquantaine, et qui a donné naissance à cinq enfants, est une triathlète de haut niveau qui a participé à plusieurs championnats du monde. Nous allons faire quelques kilomètres ensemble et vous allez voir qu'elle est en acier trempé.

Comme je vous ai appris tout ce que j'avais à vous apprendre cette semaine, je me suis dit que vous ne seriez pas contre un peu de changement, que rencontrer quelqu'un que j'ai longuement entraîné pourrait être intéressant pour vous. Comme d'habitude, nous allons bavarder en courant. Profitons des premiers kilomètres, qui sont assez roulants.

Margot va d'abord vous parler d'elle. Après la naissance de son cinquième enfant, elle s'est mise à courir pour surmonter une dépression post-partum. Elle vivait alors à Saint-Louis. Assez vite, elle s'est inscrite à son premier triathlon. Elle avait déjà l'esprit de compétition. Puis toute la famille a déménagé dans l'Idaho. Un grand bouleversement pour arriver dans une petite ville. Changement de vie, changement de style, une aventure…

Elle a continué à courir, mais ça la faisait de plus en plus souffrir, en particulier sur les sentiers. C'est à ce moment-là qu'elle m'a rencontré, mais, peu de temps après, une vieille blessure l'a rattrapée. En gros, les ligaments de sa cheville droite étaient distendus en raison d'une entorse qu'elle s'était faite alors qu'elle était étudiante. Il a fallu l'opérer. Sans même parler de compétition, elle ignorait si elle pourrait recourir un jour.

– Je voulais essayer. Je m'en suis donc remise totalement à Eric, dit-elle.

Je l'avais déjà un peu entraînée avant l'opération, mais elle utilisait alors des semelles correctrices et des chaussures avec beaucoup d'amorti, et suivait un programme d'entraînement qu'elle avait acheté à un marchand d'articles de sport de Saint-Louis.

Après l'opération, elle est repartie de zéro en clopinant avec ses béquilles.

– Nous avons commencé par le renforcement des pieds, en travaillant lentement, patiemment, avec le plan incliné. Eric adore son plan incliné.

Elle retirait son attelle avant les séances et la remettait après. Quand elle s'est remise à courir, quelques mois plus tard, avec des chaussures minimalistes, elle a trouvé son pied plus stable que jamais. C'était la première d'une longue série de surprises.

– Eric m'a ensuite fait travailler la gestuelle sur piste pour corriger ma foulée. Elle était trop longue, ce que j'ignorais totalement.

Son efficacité s'est améliorée, puis nous avons entamé la construction du socle foncier stratégique.

– Au début, je n'aimais pas le cardiofréquencemètre, dit-elle. J'allais courir et c'était tout.

Le programme était dur et contraignant, mais la diversité des intensités et des exercices rendait les choses amusantes. Elle sentait qu'elle devenait plus forte et plus rapide, ce qui lui permettait de courir plus longtemps, avec des sensations qu'elle n'avait jamais connues :

– On ne les voit pas au jour le jour, mais, avec le temps, les progrès sont indéniables.

La pente se raidit un peu. Vos jambes et vos poumons vous le font sentir. Courir devient dur, mais Margot continue à bavarder comme si de rien n'était et vous commencez à avoir du mal à suivre :

– Et puis, tout à coup, tout s'est combiné et ça a été la révélation. Lors d'une séance, j'ai parcouru une distance que je n'avais jamais faite à une vitesse et avec une aisance que je ne connaissais pas. C'était comme si je ne touchais plus le sol, comme si tout était parfait. Tu peux me faire confiance, ça va se passer comme ça pour toi aussi.

Côté alimentation, la cure de désintox de 20 jours n'a pas été facile, poursuit Margot :

– Je suis accro au sucre et la partie n'est toujours pas gagnée, avoue-t-elle, mais elle en sait désormais beaucoup plus sur ce qu'elle mange, ce qui est déjà beaucoup.

Elle aborde ensuite la question de la conscience et de l'entraînement mental. C'est venu pendant l'exercice physique :

– Je n'avais aucune conscience de tout ça avant. Rien. Maintenant, je suis très consciente.

L'un de ses mantras était : « Détends-toi, sois performante et déterminée. » Quand elle se sentait faiblir mentalement, quand elle se demandait si elle était capable de finir une séance ou de réaliser un exercice de renforcement, elle répétait son mantra et…

– Boum ! Les idées négatives se dissipaient et j'étais dans l'instant.

Huit mois après son opération, Margot s'est qualifiée pour les championnats du monde de triathlon. Vous n'en croyez pas vos oreilles et vous la regardez fixement. C'est pourtant la pure vérité. Depuis, elle n'a pas cessé de concourir à haut niveau, mais l'idée d'arrêter la compétition commence à faire son chemin. Elle aimerait mettre ses qualités athlétiques, sa force, au service d'autres aventures. Elle veut faire la traversée du Grand Canyon aller-retour. Elle veut gravir le Grand Teton.

C'est son nouveau Grand Projet et c'est pour ça qu'elle s'entraîne aujourd'hui.

– Bonne chance avec ton Grand Projet à toi, dit-elle en nous saluant, avant de prendre la bifurcation pour Surprise Lake.

Elle est si forte, si rapide… Voilà, elle est partie. Disparue entre les arbres avant que vous ayez pu la remercier.

J'espère que cette rencontre a été profitable. Maintenant, nous allons, vous et moi, grimper à Garnet Canyon, toujours en direction du Grand Teton. Vous vous mettez à marcher. L'oxygène se raréfie. Vous avez déjà gravi 600 mètres de dénivelé positif, dont plus de la moitié en courant. Bien joué ! Vous vous remettrez peut-être à courir dans un moment. Pour l'instant, nous allons marcher aussi longtemps que vous le souhaitez.

Les lacets s'enchaînent et nous offrent une vue magnifique sur Taggart Lake, à l'extrémité du canyon. Un élan brame à nouveau. C'est le grand rut dans les forêts en contrebas. Au bout d'une heure, nous entrons dans Garnet Canyon, à 3 000 mètres d'altitude. Le South Teton se dresse à notre gauche. La grande falaise à droite fait partie du Grand Teton, mais elle nous cache le sommet. Pas d'inquiétude, il est bien là, toujours prêt à être gravi, et il y sera toujours quand l'envie vous prendra de le faire. Pour l'instant, nous sommes au beau milieu des éboulis. Restez dans l'instant.

C'est ici que je vais vous faire mon grand discours, juste avant que vous preniez la direction que vous avez choisie. Je ne vous promets pas qu'il sera à la hauteur, mais je vous garantis que je pense fermement ce que je vais vous dire, que j'en suis convaincu au plus profond de mon être. Je fais de mon mieux pour vivre ma propre vie en accord avec ce que je professe.

Suivez-moi au sommet de ce rocher. Attrapez ma main, que je vous aide à y grimper. Asseyez-vous. Notez comme tout est calme. On a d'abord l'impression qu'il n'y a pas un bruit, puis on commence à les distinguer. Rien que des sons de la nature : le torrent qui court sur les rochers, le vent, les oiseaux, le grondement d'un orage dans le lointain… mais on ne les remarque pas tant qu'on n'y prête pas attention. Les montagnes, c'est la liberté. Elles se fichent de savoir si vous êtes un ultra-marathonien, un champion du 10 000 mètres ou un grand débutant. Nous sommes tous égaux, ici. La montagne se fiche de savoir ce dont vous êtes capable.

Au cours de cette ascension de 1 000 mètres, chaque pas a été formidable et aucun ne ressemblait aux autres. Trois kilomètres plus bas, les lacs vous ont laissé bouche bée, puis, après un lacet, ils avaient disparu, mais d'autres splendeurs, celles du canyon dans le soleil éclatant, se sont offertes à votre regard. Encore un lacet et le Middle Teton apparaît dans un écrin de nuages. Nouvelles splendeurs… Nouveau point de vue. La descente sera tout aussi belle.

Je veux que vous vous souveniez de ce jour. Notez comme vous vous sentez libre à cet instant précis, comme tout est grand, imposant, ouvert. Notez comme tout paraît possible, à portée de main. Quand vous en aurez besoin, vous pourrez retrouver ce sentiment. Appréciez-le. Mettez-le au fond de votre sac et emportez-le partout avec vous. Voilà ce que votre Grand

Projet doit susciter en vous. Rappelez-vous ce jour et retrouvez ce sentiment.

Tant que nous sommes là, je voudrais que vous preniez conscience d'à quel point c'est génial de pouvoir vivre librement et d'être maître de son destin. L'excitation, l'enthousiasme et la joie viennent quand on le décide. C'est incroyablement drôle d'aller au-delà de ses rêves les plus fous. Produire cette sensation et l'entretenir, voilà tout l'intérêt du Grand Projet. Vous pouvez éprouver chaque jour, à chaque sortie, cette incroyable impression que rien n'est impossible tant que le souvenir de la montagne vous accompagne.

Cette liberté permet à notre esprit de fonctionner sans inhibition ni jugement. Vous voyez ce que je veux dire ? Oui, je peux le voir dans vos yeux. Vous en êtes presque gêné, mais laissez-vous aller. N'ayez pas peur de fantasmer, de vous amuser. Faites-en un jeu, créez l'incroyable, prenez votre envol ! À cet instant, l'échec est impossible. Les idées folles et créatives commencent à affluer et je peux voir un large sourire de satisfaction illuminer votre visage. Je vous ai mis sur la voie. Laissez maintenant les montagnes vous guider. Laissez votre esprit dériver. Il ne peut pas vous décevoir. À cette altitude, la rationalité n'a plus cours. Il n'y a plus qu'une infinité de possibilités à explorer. Le sentier ne sera pas toujours régulier. Il y aura des pierriers, du dénivelé, des parties plus roulantes et c'est tant mieux. Après tout, la peur est nécessaire et nous confirme que nous sommes sur la bonne voie.

Quand vous la sentirez arriver, notez comme son effet s'est amoindri. Vous pouvez décider de la surmonter.

Sentez la force que vous en retirez. La confiance n'est même plus nécessaire, parce que la conscience prend le relais. Pas besoin de qualités supplémentaires, vous pouvez maintenant décider d'être un athlète. En fin de compte, ce n'est rien d'autre qu'un choix et il ne tient qu'à vous de le faire. On n'a besoin de rien d'autre, ici, dans la montagne. Vous avez le choix de devenir le coureur ou la personne que vous voulez être. Peu importe votre mode de vie, le lieu où vous habitez, votre travail, votre expérience de la course à pied, visez l'impossible, faites les sacrifices nécessaires pour y arriver et lancez-vous.

Voilà comment je vois les choses : c'est formidable d'accomplir votre Grand Projet. Génial, si vous y parvenez. Mettez le trophée sur votre cheminée, faites encadrer la médaille ou la photo de votre arrivée, mais ce n'est pas la réalisation de cet objectif qui vous rendra heureux, en tout cas pas de façon durable. Vous ressentirez une intense satisfaction, mais elle ne durera pas. D'innombrables ultra-marathoniens que j'ai coachés se sont sentis déprimés après leur premier 100 *miles* et vous savez pourquoi ? C'est l'ascension qui nous rend heureux, celle qu'on prépare jour après jour avec discipline. Se concentrer sur la gestuelle, faire les exercices de renforcement, se lever pour la séance programmée, renoncer au dessert, identifier ses craintes pour les surmonter, dépasser ses rêves de succès et sa peur de l'échec pour rester dans le présent, ici et maintenant… Voilà ce qui rend heureux. Quand vous y aurez goûté, quand vous saurez quelle joie on peut tirer de cette ascension, vous ne pourrez plus vous en passer.

Très vite, vous accomplirez votre Grand Projet et vous en chercherez un autre, encore plus fou, encore plus difficile, juste pour continuer à ressentir cette sensation. Vous vous demanderez d'abord : « Est-ce que je peux le faire ? » Puis la question deviendra : « Suis-je capable de faire le nécessaire aujourd'hui ? » Et la réponse sera : « Oui. » Comme Margot, vous ferez « tout ce qu'il faut », parce que la discipline est la performance ultime, mais aussi la liberté ultime à cause de la joie immense qu'elle procure.

Il est temps de me calmer. Mon discours est fini. Ensemble, nous franchissons une série de blocs énormes en équilibre les uns sur les autres, comme dans un jeu de construction géant. Le chemin reprend de l'autre côté et monte vers une crête à l'ombre du Middle Teton. Je m'arrête et me penche pour boire dans le torrent qui court à notre gauche. Je prends une longue gorgée d'eau fraîche. Une fois de plus, vous faites la même chose que moi.

Je me redresse et vous tape sur l'épaule en vous disant : « Le moment est venu de continuer sans moi. »

Vous êtes un peu hésitant ou au contraire impatient de vous lancer. Peut-être un peu des deux. Quoi qu'il en soit, vous partez seul à la poursuite de votre Grand Projet, vers le sommet du Grand Teton ou même au-delà.

Demandez l'impossible. Amusez-vous et restez dans l'instant.

# TABLE DES MATIÈRES

**Également disponibles en livre de poche aux éditions Paulsen**

*La Folle Histoire du trail*
Jean-Philippe Lefief

*Je n'étais pas la bienvenue*
Nathalie Guibert

*Dans le sillage de l'Invincible Armada*
Laurent Joffrin

*Born to run*
Christopher McDougall

*Les Fantômes du Denali*
Simon McCartney

*Capitaine de Bonaparte*
Fabien Clauw

*Solo intégral*
Alex Honnold

*Comment marchent les philosophes*
Roger-Pol Droit

*Pyongyang 1071*
Jacky Schwartzmann

*Profession astronaute*
Thomas Marlier et Pierre-François Mouriaux

*Tête en l'air*
Richard Gaitet

**À paraître**

*Trafalgar la sanglante*
Fabien Clauw

*Éloge de la peur*
Gérard Guerrier

*Alexandra David-Neel*
Jeanne Mascolo de Filippis

*6 minutes 23 séparent l'enfer du paradis*
François Suchel

*Persévérer*
Jean-Louis Étienne

Achevé d'imprimer par Ermes Graphics
à Turin (Italie) en octobre 2023
Dépôt légal : avril 2023
ISBN : 978-2-37502-190-3